ロシア敗れたり

鈴木荘一

毎日ワンズ

はじめに

日露戦争に青年将校として従軍し勝利した経験を持つ日本陸軍のある将軍は、「戦争は自国の将兵、自国の兵器、自国の資金で戦って勝てる見込みがないなら、行なってはならない。勝てる見込みがないなら、外交に望みを託し、臥薪嘗胆《がしんしょうたん》して耐えるしかない」とつねづね語っていた。まさに日露戦争は自国の将兵、自国の兵器、自国の資金で戦った戦争であった。

しかし三十七年後の太平洋戦争は、ドイツ勝利をアテにしたものであり、この「原則」に反し、日本は敗北した。

いまロシアによるウクライナへの不条理な軍事侵攻が続いているが、ウクライナは西側からの義勇兵、武器支援、資金援助に頼りながらも、奮戦している。果たしてどういう結果になるのだろうか。

日露戦争についての見方は大別して二通りある。一つはロシアの南下に対して日本が国家の存亡をかけて戦った祖国防衛戦争というものであり、もう一つは大陸への進出を目指す日本と、不凍港旅順の確保を目論むロシアとが衝突した帝国主義戦争というものである。

しかし私は、日露戦争とは、

「ロシアを仮想敵国としたイギリスがロシアの軍事力を削ぐため、日露を戦わせ漁夫の利を得るべく日本を使嗾《しそう》して疎隔を生じさせ、日露間の疑心暗鬼が昂じて生じた偶発戦争」

だったと考えている。このイギリスによる呪縛は、いまなお日本とロシアを緊縛し、日本とロシアを互いに反目させたまま、両国の交流を阻害しているのではなかろうか。

私が日露戦争という言葉をはじめて聞いたのは幼稚園児のときである。ある春の日、親戚一同が祖父母の家に集まったとき、男の子全員が祖父の八畳間に集められ、床の間を背にした祖父から日露戦争の話を聞かされた。私の記憶にあるのは、庭に咲く花々と、うららかな陽光と、祖父が発した、

「ヒガシケイカンザン」

という言葉だけである。祖父は日露開戦のときは、十八歳の学生だった。

私が小学生の頃、夏休みにセミ捕りに行った近所の寺にひときわ目立つ大きな墓石があった。その大きさは尋常一様でなく、先端が本堂の軒先まで届き、周囲を睥睨《へいげい》する巨大な墓石で、故

陸軍上等兵何某之墓と刻んであった。最愛の息子を失った父親が大金をつぎ込んで建立したものらしい。墓石の裏面には、故人の略歴と日露戦争での活躍の様子が刻んであったが、長年の風雨に晒《さら》され、また小学生には難解な文字もあって、完全な判読は困難だった。

日露戦争についてもっと知りたい、と思ったのは、この頃である。

昭和三十二年に新東宝が『明治天皇と日露大戦争』という映画を公開し、大ヒットとなった。これは映画だから細部には実相と異なる面もあるが、比較的史実に近いといえる。昭和三十二年頃はまだ私の祖父（七十一歳）のように日露戦争を覚えている人々が数多くいたからだろう。

さらに昭和四十三年から司馬遼太郎の『坂の上の雲』が産経新聞に連載される。

私は『坂の上の雲』を、繰り返し、何度も読んだ。『坂の上の雲』は陸軍の旅団長と海軍参謀の兄弟の物語、すなわち少将と中佐の手柄話である。しかし日露戦争に従軍した日本人の多くは、無名な一介の兵士たちである。旅団長や軍参謀の手柄話も結構だが、私から見れば文字どおり「雲の上の話」のように思われた。

召集され、命じられ、行軍に喘《あえ》ぎ、泥水をすすり、脚気や凍傷に苦しみ、堅牢な要塞に突撃して斃《たお》れ、厳寒の満州の荒野に屍《しかばね》を晒した八万八千余の将兵一人一人の戦死の様子を、彼らの視点から記録しておきたいと、私は願った。

それには日露戦争の実相が正確に記述されなければならない。

ところが皮肉なことに、日露戦争の真相を知ることを阻害しているのが『坂の上の雲』なのである。

司馬遼太郎が国民作家であり、彼が『竜馬がゆく』や『燃えよ剣』などの痛快な小説を書き残した功績については、私は否定しない。だが、この『坂の上の雲』には、史実を大きくねじ曲げてしまう手法が大胆に取り入れられ、許容限度を大きく超えたウソが数多く埋め込まれている。それがあたかも日本の正史であるかのように定着してしまえば、どういうことになるか。誤りや史実との食い違いが後世におよぼす影響については、無視できないものとなるであろう。

もっとも読者は、次のようにいうかもしれない。

「『坂の上の雲』はあくまでも歴史を題材にした小説であり、物語なのだから、目くじらを立てずエンタメとして楽しめばよいのではないか」

と。

だが、『坂の上の雲』が人口に膾炙《かいしゃ》し、通俗小説の枠を超えて人々の深層心理に食い込んでいる以上、私としては黙って見逃すことはできない。

元亀・天正の頃、戦国大名は戦闘のとき、戦目付《いくさめつけ》という者を戦場に駆け回《めぐ》らせた。戦目付は、敵将を正々堂々討って取った首を殊勲首と評価し、敵将Aを槍で刺して重傷を負わせた味方B

が敵将Aに斬り殺され、通りかかった味方Cが重傷で身動きできない敵将Aの首を取った場合は、拾い首とし、恩賞は味方Bの遺族に与えられた、という。戦目付の判定に誤りがあり論功行賞が不適切であるなら、将士の間に不満を生じ、軍団に綻びを生じる。

仮に私がこの戦目付になったつもりで、日露戦争（陸戦）の論功行賞を行なうと、

「戦功は黒木為楨《ためもと》大将、奥保鞏《やすかた》大将、野津道貫《みちつら》大将らと、彼らの薫陶を受けた藤井茂太少将と落合豊三郎少将、それに伊地知《いじち》幸介少将、松川利胤《としたね》大佐らにあり、なかんずく最優秀者は、乃木希典《まれすけ》大将である」

となる。

私は本書で、これを立証する。

令和五年八月

鈴木荘一

ロシア敗れたり――目次

第八章　旅順第二回総攻撃

第九章　旅順攻略

第十章　遼陽会戦

第十一章　沙河会戦

第十二章　奉天会戦

＊本書には、今日では差別的と解釈されかねない表現を、そのまま表記した箇所がありますが、差別を助長する意図は一切ないことをお断りいたします。

毎日ワンズ編集部

第一章　恐ロ病が生んだ嫌ロ感情

徳川幕府の親ロ方針

帝政ロシアは海へのアクセスを熱望した。いまのロシアもそうであるらしい。問題はそれを平和的手段で達成するか、武力によるか、である。

実はロシアは欧米列国のなかで最初に日本との通商を希望した国であった。一七〇五年、日本では第五代将軍綱吉の宝永二年、ピョートル大帝は日本との和親通商を見据えてペテルブルクに日本語学校を設け、通訳の養成を始めたのである。アメリカが独立（一七七六年）する七十一年前のことだ。

それから約百五十年後の嘉永六年（一八五三年）六月三日、アメリカのペリー艦隊が江戸湾に現われると、一カ月後の七月十八日、ロシア極東艦隊司令長官プチャーチン海軍中将が副将ポシェット中佐を伴って長崎へ来航して、幕府に通商と日露国境の確定を要望した。ちなみにこの副将ポシェット中佐が、のちに交通大臣となり、極東と欧州を結ぶシベリア鉄道建設計画を策定することになる。

徳川政権下では日本とロシアの関係は良好であった。アメリカのペリーは幕府の意向に反して江戸湾へ乗り込み、威圧的な態度で大統領国書の受領を要求する砲艦外交を仕掛けたが、ロシアのプチャーチンは、侍従武官長としてヨーロッパ社交界に身を置いたこともある思慮深い外交家で、名誉を重んずる日本の武士のプライドを傷つけぬよう微笑外交で行くこととし、細心の注意を払って礼儀正しい交際申し入れを行なったのだ。このため長崎奉行大沢豊後守、勘定吟味役江川太郎左衛門英龍《ひでたつ》（砲術家）、仙台藩藩校養賢堂教授大槻磐渓（儒学者兼蘭学者）ら幕府高官の間では一時、

「紳士的で親切なロシアと日露軍事同盟を結び、無礼なアメリカと対決しよう」

との「親露反米論」が広まった。越前藩士橋本左内も「ロシアの南下政策」と「イギリスの東進政策」との対立を視野に入れ、

「英露は、両雄並び立たず。世界を牛耳るのは、イギリスかロシアの、いずれかである。イギリスは剽悍《ひょうかん》貪欲、ロシアは沈鷙《ちんし》厳整であり、世界の人望はロシアに集まるだろう」

と予言、ロシアと手を組んでイギリスに対抗すべしとの「日露同盟論」を提言した。

ところがロシアは、油断している間に、アメリカに出し抜かれる。

ペリー艦隊が安政元年（一八五四年）一月十六日、再び江戸湾へ入り、浦賀奉行所の抗議を無視して羽田沖へ進むと空砲約百発を撃って幕府を脅し、同年三月に日米和親条約の締結に漕ぎつけたのである。

プチャーチンは幕府の意向どおり長崎で粛々と交渉を行なったのに、ペリーが乱暴な態度で

日本開国の先鞭を付けたのだ。平和的・紳士的なロシアは、威圧的なアメリカの後手を踏んだのである。これがロシアに、
「日本は外圧に弱い国」
との誤ったメッセージを送る結果となり、明治期の日露関係に影響をおよぼすことになる……。

日米和親条約の締結から七カ月後の十月十五日、プチャーチンは伊豆下田へ入港して、十一月三日から幕府勘定奉行の川路聖謨《としあきら》と条約交渉を始め、第二条で日露国境を「エトロフ島とウルップ島の中間」と定めた日露和親条約が安政元年十二月二十一日、下田の長楽寺で調印された。

このとき、プチャーチンの乗艦「ディアナ号」が沈没するというアクシデントがあった。条約交渉が開始された翌日の十一月四日、伊豆半島沖で地震が発生して大津波が押し寄せ、下田湾内に停泊していた「ディアナ号」は船底を岩にぶつけて擱座した。驚いた応接役の川路聖謨はすぐさま見舞品を届け、「ディアナ号」を伊豆西海岸の戸田《へだ》で修理すべく手配した。十一月二十六日、「ディアナ号」はプチャーチン中将以下乗組員約五百人を乗せて下田を出帆、戸田へ向かったが、舵を破損していた「ディアナ号」はコントロールを失い、二十七日、戸田近くの田子浦海岸に漂着、乗組員は船から脱出して荒波のなかを半死半生で上陸した。

田子浦村も地震の被害でほとんどの家屋が倒壊していたが、村人たちは彼らのために火を焚き、湯を沸かし、食事を与え、倒壊を免れた家にプチャーチン一行を泊めるなどして、精一杯もてなした。

また急を聞いて駆けつけた江川太郎左衛門英龍がプチャーチンに、
「この艦が修理できなくても必ず本国へ送り返す。不自由なことがあれば何でも用立てる」
と励ますと、プチャーチンは涙を流して喜んだという。

その後、江川とプチャーチンは話し合い、「ディアナ号」を戸田へ曳航することとし、十二月二日朝、周辺の村々から集められた約百艘の小舟が無人の「ディアナ号」を綱で引っぱり沖へと進み始めたが、正午頃、にわかに風波が激しくなり、夕刻、ついに沈没してしまった。

ポシェット中佐のシベリア鉄道構想

このアクシデントで帰国の手段を失ってしまったプチャーチンらのために、幕府は資金の一切を負担して戸田村での小型帆船の建造に着手、戸田の船大工たちが抜群の働きを見せ、安政二年（一八五五年）三月十日、「ヘダ号」（五十人乗り、百トン）を完成させた。

プチャーチン中将、ポシェット中佐ら四十八名は三月二十二日、この「ヘダ号」に乗り込んで戸田を出帆、樺太対岸のアムール河口のニコライエフスクに上陸すると馬でシベリアを横断、そして安政二年十月五日（一八五五年十一月二日）、帝都サンクト・ペテルブルクに着く。プチャーチンは皇帝アレクサンドル二世に謁見、対日交渉の成果とともに『ヘダ号』建造など幕府の厚遇」を奏上した。この報告に感銘を受けた皇帝は宰相ネッセルローゼを通じて、幕府に深甚なる謝意を表明する。

プチャーチンは外交手腕を認められて伯爵の称号を与えられ、さらに海軍大将、元帥へと昇り、その後は政府の要職を務めるなどして明治十六年（一八八三年）、八十歳で死去する。それから四年後の明治二十年五月、プチャーチンの長女で皇后付女官オリガが戸田村を訪れ、村民たちに厚く礼を述べるとともに、父の遺言として村長に金一封を贈っている。プチャーチンは「ヘダ号」の恩義を終生、忘れることはなかったのだ。

プチャーチンに従っていた副将ポシェットは海軍中将に昇進、さらに明治七年（一八七四年）、交通大臣に抜擢されるとただちにシベリア鉄道建設計画を発表した。これはウラルから太平洋側のウラジオストクに至る、壮大な長距離鉄道計画である。幕府の厚遇に接したポシェットは、「日露が良好な関係を維持し、シベリア鉄道東端のウラジオストクから海路で日本と結べば、ロシアは永年の宿敵イギリスを凌駕して世界一の帝国になれる」

と確信していたのである。

シベリア鉄道はロシアが日本と友好を保ってこそ、ロシアに果実をもたらす――。

当時、ヨーロッパと東アジアはスエズ運河・インド洋・南シナ海を経由する船便で結ばれていて、その海路は世界最強の海軍を持つイギリスが支配していた。しかしイギリスから上海への航路は、スエズ運河経由でも四十五日もの期間を要する。

これに対して帝政ロシアは、北回りのシベリア鉄道の建設により、ヨーロッパから東アジアを二十日間で結ぶ陸の物流を確立しようとしたのだ。鉄道なら大嵐にも耐えられ、ロイドの海上保険も必要ない。

世界地図を広げてみるとシベリア鉄道は実に長い。しかし地球儀で見ると、案外、短い。なぜか。それは、丸い地球のいわゆる大圏陸路を通っているからである。まさに交通革命であり、日本との距離を縮めてイギリスを凌駕するという「国運をかけた国際的戦略プロジェクト」、それがポシェットのシベリア鉄道建設計画だったのだ。

日露戦争の原因となってしまうシベリア鉄道はそもそも、こうした経緯で企図されたのである。

時代が明治に代わっても日露関係は良好だったが、「樺太帰属問題」が残されたままだった。

日露国境は慶応三年（一八六七年）の「日露間暫定協定」で、「千島のエトロフ島以南を日本領、ウルップ島以北をロシア領とし、樺太は日本人・ロシア人の雑居地」

とされ、「樺太の帰属」だけが定まっていなかったのである。

明治新政府は北海道開拓に注力し、対ロシア外交は北海道開拓の文脈で考えられていた。明治二年に北海道開拓使が置かれると、北海道開拓使次官（のち長官）黒田清隆は、「明治五年からの十年間に国費一千万円を投じて工業や農業を興す」

との大がかりな北海道開拓計画を立案して開拓を始める。明治六年に開拓使札幌本庁舎が建てられ、明治七年には旧奥羽諸藩の士族から屯田兵が募集され、その第一陣が明治八年から入植した。だが開拓は困難を極めた。

その一方で黒田が明治三年に樺太へ渡って視察すると、すでにロシアの進出は急で、多くの兵士や農民が送り込まれ、帰属をめぐってロシアと争うことはもはや困難な状況だった。そこで黒田は、

「北辺の防備に使う軍費を内陸の開発費に集中すべき」

との立場から、

「樺太をロシアに譲って日露紛争の根を断ち、北海道開拓に全力を注ぐべき」旨の「樺太放棄

論」を政府に建議する。明治新政府はこれを受け入れ、駐露公使榎本武揚《たけあき》がロシア政府と交渉して明治八年、千島・樺太交換条約が成立した。

これにより樺太はロシア領、千島列島は日本領となり、日本にはオホーツク海・カムチャッカ近海での漁業権が認められ、日露の平和共存が図られたのである。

大津事件

帝政ロシアが国運をかけたシベリア鉄道計画に、フランスが興味を示す。フランスは国際金融を支配するロンドン市場に対抗してパリ市場の育成を目論み、帝政ロシアに巨額の建設資金の貸し付けを持ち掛けたのだ。

これにより明治二十四年（一八九一年）二月、ロシア皇帝アレクサンドル三世はついにシベリア鉄道建設を決断、ウラル側からのシベリア鉄道の東進工事と、太平洋側からの西進工事（ウスリー鉄道）により、両線を連結させることとした。

そこで皇帝は、皇太子ニコライを、同年五月三十一日にウラジオストクで行なわれるウスリー鉄道起工式に臨席させるという名目で、日本を含む東洋諸国に派遣した。イギリスの息がかかっているエジプト、インド、東南アジア、中国、そして日本に親善・微笑外交を仕掛けて、これらの諸国をロシアに靡かせようとしたのだ。

また皇帝はシベリア鉄道建設に最も積極的なウイッテを重用して交通大臣に抜擢、さらに大蔵大臣に昇任させる（前蔵相ヴィシネグラツキーは均衡財政を唱え鉄道建設に難色を示したため、更迭）。蔵相ウイッテの最大の仕事はもちろん、シベリア鉄道の建設推進である。

ウスリー鉄道は明治二十四年（一八九一年）に起工され、明治三十三年（一九〇〇年）に終着駅のハバロフスクまで完成する。片やシベリア鉄道はチェリャビンスクを起点として明治二十五年（一八九二年）に起工され、イルクーツク、チタを経由して明治三十二年（一八九九年）にスレチェンスクまで開通（バイカル湖横断は船便）する。


だが明治二十年代に入ると、明治政府はロシア外交を軽視するようになる。強大な隣国ロシアとのパイプが徐々に細くなりロシアの実情が伝わらなくなってくると、日本人の間でにわかに「恐ロ」という感情が芽生え始める。

「おそロシヤ」である。

そんな人々の不安を煽るかのように、新聞各紙は競って恐ロの論陣を張るようになる。

明治期になって日本に出現した新聞はイギリス紙を模倣したから、論調にはイギリスがかった風味があった。たとえば『国民之友』明治二十四年三月二十三日号は「東京各新聞の社説」

と題して次のような記事を載せた。

「人あるいは云う、露国恐るべきものにあらずと。しかれども、朝鮮をして露国の有たらしむるの日は、露国をして、猛然と恐るべき国たらしむるにあらずや」

こうした恐ロ感情のなかで、明治二十四年五月十一日、来日中のロシア皇太子ニコライ（のちの皇帝ニコライ二世）が、警備中の巡査津田三蔵に斬り付けられるという事件が発生する。

ロシア政府はニコライ皇太子の訪日を「シベリア鉄道の起工式参列に伴う東洋諸国歴訪の一環」と説明したが、当時の多くの日本人はそれを額面どおりには受け取らなかった。とくに『国民之友』明治二十四年四月三日号は、「時事」と題するコラムで、

「露国皇太子の旅行は、無邪気なる見物旅行なるや？　兵事上の探討的旅行なるや？」

とロシアへの警戒を呼びかけ、一般庶民の恐ロ感情を刺激した。

加えて日本にいるイギリス人たちは、日本の皇室がニコライ皇太子のために盛大な歓迎会を準備していることを知ると、

「露国皇太子が、日本を軍事偵察するため、軍艦を率いて来日するのを歓迎するとは、自国の危機を知らず、敵を饗応するに等しい」

などととしきりに吹聴した。

これらの影響を受けて、「ニコライ皇太子の真の来日目的は日本征服のための軍事偵察」だと

妄信して不穏の挙動をなす日本人が少なくなく、たとえば伯爵後藤象二郎邸内に居住の吉江虎松ほか二名は露国皇太子の殺害を企てたとして重禁錮三年の刑に処せられた。また神戸警察署は不審者三十名をニコライの神戸到着前に拘束、暴発を未然に防止するという理由で警察署内にそのまま留置した。

だが、ニコライの旅行の目的は軍事偵察どころか、あくまで「見聞を広めるための世界漫遊旅行」といったのんびりしたものだったのだ。ニコライは軍艦でエジプト・インド・インドネシア・タイ・中国を数カ月かけて巡遊し、四月二十七日に長崎に入港した。彼は日記に、

「待望の日本だ！」

と書いている。

ニコライ皇太子（当時二十二歳）は四月二十八日、お忍びで長崎へ上陸すると、縞模様の背広に山高帽という軽装で客待ちの人力車に飛び乗り市内のあちこちを見物、骨董品・亀甲細工・有田焼花瓶・輪島塗重箱などの土産品を商店で買い込んだ。その夜は花街稲佐郷《いなさ》に微行《びこう》、丸山から芸妓五人を招いて酒宴を催し、芸妓は踊り、ニコライはロシアの歌をうたったという。

彼は長崎の印象をこう記している。

「長崎の家屋と街路は素晴らしく、気持ちのいい印象を与えてくれる。日本人は男も女も親切

で愛想がよく、シナ人とは正反対だ」

なおニコライは、この長崎滞在中に記念として龍の刺青《いれずみ》を右腕にほどこしている（ちなみに彼は辰年であった）。

次にニコライは長崎市民が見送るなか海路、鹿児島へ向かい五月六日に到着、市民の大歓迎（西郷隆盛が生きていて随行しているとの噂が流れていた）を受けたあと、旧薩摩藩主島津忠義を表敬訪問した。島津忠義は異人嫌いで知られていたが、この日ばかりは百七十人の武者を従え、自ら侍踊りを披露するなど、ニコライを手厚くもてなしている。

その後は瀬戸内海を航行して五月九日に神戸へ入り、楠木正成を祀った湊川神社に参拝して、正成の肖像画を購入。それから午後四時発の臨時列車で京都へ向かった。

京都では常盤ホテルに入ったのち、祇園の中村楼で娘歌舞伎を堪能。翌日は御所の紫宸殿・清涼殿や二条城、西本願寺などを見学した。

そして五月十一日、ニコライは朝から人力車で大津へ出

長崎市内を観光して回るニコライ皇太子

かけて三井寺を見物し、午前十一時四十分に滋賀県庁に着いて滋賀県知事の歓迎を受け、午後一時三十分に県庁を出て人力車で京都へ戻ろうとしたとき、警備中の巡査津田三蔵に斬り付けられるのである。

立番していた津田はいきなり抜刀して人力車上のニコライの頭部めがけて斬り掛かったが、人力車夫にその場で取り押さえられた。ニコライは傷を負った頭部に応急の包帯を巻くといったん人力車で滋賀県庁へ引き返して休息、午後三時五十分発の特別列車で京都に戻った。

津田三蔵はかつて津藩藤堂家で百三十石を給されていた士族の出だった。前述のとおり当時の日本人の多くは強国ロシアを恐れる気持ちが強かったが、なかでもノイローゼになるほどの恐ロ論者だった津田は、

「自分がロシア皇太子を斬り殺せば日本はロシアの侵略から逃れられる」

と短絡して犯行に及んだのだ。

実は、ニコライ皇太子のアジア歴訪に関してイギリスの新聞が、

「ニコライ皇太子来訪を不快とするインド人が、皇太子に禍害を加える」

と予告していたのだが、凶事はインドでなく、日本で起きてしまったのである。

事件を知ったロシア皇帝アレクサンドル三世は皇太子の身の安全を憂慮して、電報でニコライに帰国するよう命じる。命令を受けたニコライは五月十九日午後五時、神戸港からロシア軍

艦でウラジオストクへ向けて出航、楽しみにしていた東京見物は幻となった。

現場で捕縛された津田三蔵はただちに膳所《ぜぜ》監獄（滋賀県監獄署）へ移送され、十一日午後十一時から行なわれた予審尋問で犯行動機を、

「『露国皇太子の来日目的は我が国の軍事偵察』との新聞論調を信じ、悲憤慷慨した」

と白状した。

この津田の処分については、政府側と大審院長児島惟謙《いけん》の間で激論があった。

政府は、

「死刑を適用しなければロシア艦隊が品川沖に現われ、我が国は木端微塵になるかもしれない。だから『皇族に危害を加えんとしたる者は死刑』と定めた刑法第百十六条を、ロシア皇太子にも拡大準用して、津田三蔵を死刑にすべき」

と主張した。これに対して大審院長児島惟謙は、

「裁判官の眼中にはただ法律あるのみ。外国皇太子は刑法第百十六条の適用対象外」

との法理論からあくまで死刑に反対、結局、津田は無期懲役となる。

これにより大審院長児島惟謙は、いまでは「司法権独立を守った偉人」とされている。しかしいったん緩急あれば、過酷な戦場に投入されるのは名もなき市井の庶民兵である。司法権独

立は結構なことだが、そのために日露開戦となり、青年が召集され、戦場に屍をさらすのは何ともやりきれない。

繰り返すが、ニコライ皇太子の真の目的は、「海路を支配する宿敵イギリスをシベリア鉄道により牽制し、ロシアが世界一の帝国になるため、エジプト・インド・中国・日本を親英から親露へひっくり返す微笑外交を仕掛ける」だった。だからいまもなお、エジプトもインドも中国も、英米に対して親露というカードをちらつかせているのだ。しかるに津田三蔵は、ニコライが友好の願いを込めて差し伸べた手に、噛み付いてしまったのである。

三国干渉で生じた敵愾心

大津事件の三年後に日清戦争が起きる。連戦連勝した日本が下関条約により遼東半島を領有することが決まると、六日後の明治二十八年（一八九五年）四月二十三日、ロシアがドイツとフランスを誘って日本に「遼東半島を清国に返還すべき」と勧告した。いわゆる「三国干渉」である。

この三国干渉は、軍事力を背景とした恫喝だった。日本は要求を受け入れ、遼東半島の放棄を決定するしかなかった。三国とコトを構えても勝てるはずがなかったからである。

しかし言論人はこの決断に強い不満を示した。三宅雪嶺が『日本』紙上で臥薪嘗胆を鼓吹《こすい》して時の伊藤内閣を批判したところ、『日本』は発行停止となったものの、三宅の説は政治家から市民に至るまで多くの日本人の心を捉えた。爾来、国民は涙を呑んで「臥薪嘗胆」を合言葉とし、ロシアへの復讐心と敵愾心を昂ぶらせていくのである。


そのロシアでは、三国干渉の十二日前の四月十一日に開催された「極東問題に関する特別会議」で蔵相ウイッテが、

「私は日本の遼東半島領有に反対である。日本がロシアの勧告を受け入れないなら、ロシア艦隊は日本を攻撃すべきである。日清戦争の戦勝国である日本は台湾と澎湖《ほうこ》諸島や南朝鮮を得てよい。しかし遼東半島を含む満州には手を触れてはならない」

と発言、さらに、

「満州にシベリア鉄道の支線網をめぐらし、満州全域にロシアの通商圏を確立する」

と力説した。

しかし、ポシェット交通大臣が企図したシベリア鉄道計画のそもそもの骨子は、

「東端を日本として、日本と友好を保ち、国際物流革命により、宿敵イギリスを打倒する」

である。しかるに三国干渉によって日本の恨みを買い、日露開戦となってシベリア鉄道を失うことにでもなれば、帝政ロシアは世界一の帝国どころか、政治体制の危機に瀕する。まさに元も子もなくす、ではないか。

そのうえ満州は茫漠たる荒野で治水も灌漑もなく、大豆生産などの農業開発には莫大な投資を必要とする。従って満州全域に鉄道支線網を敷く計画は算盤が合わない。ポシェット構想から逸脱した蔵相ウイッテはこの点、浅はかだったといわざるを得ない。

ところが、三国干渉に踏み切る前、ロシア高官の間では「日露軍事同盟案」も検討されていたという。

明治二十八年（一八九五年）四月六日、ロシア外相ロバノフはニコライ二世に、

「ロシアの最大の敵はイギリスである。日本は海軍国として早晩、イギリスと対立するようになるだろう。ロシアは日本を敵視して圧力をかけることを避け、日本と友好関係を保つべきである」

と奏上、さらに彼は、

「イギリスに対抗するためには『日露同盟』が必要である。シベリア鉄道のルート開発と、太平洋における不凍港獲得のため、ロシアの同盟国は日本でなければならない」

とまでいい切った。これは、「シベリア鉄道の東端を日本とすることでイギリスを凌駕する」

という「ポシェット構想」の継続である。

また海軍総督兼海軍元帥アレクサンドロヴィッチ大公も、

「ロシアはいかなる場合も、対日敵対行動を開始すべきでない」

と言明して三国干渉に反対した。これも「ポシェット構想」の延長である。

もしこれらの意見が採択されて日露が友好関係を結んでいれば、帝政ロシアはイギリスを凌いで世界一の帝国になれたかもしれない。

しかし、ロバノフ外相がニコライ二世に「日露軍事同盟案」と「対日強硬策」の二案を提示したとき、ニコライ二世は、

「ロシアは、ロシアと地続きで厳寒期も開かれた港湾（旅順・大連）を必要とする」

と述べ、「対日強硬策」に同意してしまうのだ。

皇太子時代、津田三蔵に斬り付けられ、その後遺症に悩まされていたロシア皇帝ニコライ二世にとって、日露同盟などただの「絵空事」に過ぎなかったのかもしれない。

ちなみにこの頃、日本の小学生たちの間で、

「西にイギリス、北にロシア。油断するなよ、国の人。

表に結ぶ条約も、心の底は測られず。

万国公法ありとても、いざ事あらば、腕力の、

強弱、肉を争うは、覚悟の前のことなるぞ」

という唱歌が流行していた。

当時の日本国民の間では、イギリスの東漸《とうぜん》とロシアの南下に対する警戒心が等しく共有されていたのであろう。

ロシア海軍の旅順進出

三国干渉の翌一八九六年（明治二十九年）、ロシアは清国から、チタ〜ウラジオストクを結ぶ東清鉄道の敷設権を得る。これを皮切りに列強は清国へ触手を伸ばし始める。

ドイツは一八九八年三月六日に山東省の膠州湾《こうしゅうわん》（青島）を租借、続いてロシアは日本が放棄した遼東半島の旅順・大連を租借する。イギリスは、同年六月九日に九竜半島を、七月一日には威海衛を租借、フランスは一八九九年十一月十六日に広州湾を租借した。

ロシアは一八九八年三月二十七日に旅順・大連を終点とする南満州支線の鉄道敷設権を得ると、シベリア鉄道の終点をウラジオストク（ひいては日本）とする「ポシェット構想」から、旅順・大連とする「ウイッテ構想」へ転換した。その結果、ウラジオストクとハバロフスクを結ぶウスリー鉄道（一九〇〇年完成）は無用の長物となり、無駄な投資となった。ああ、もったいない……。

それはばかりかこの転換は、帝政ロシアの対日政策を、「ポシェット構想が前提とした日露友好から、日本を敵視するウイッテ構想へ変更した」ことを意味するのである。

しかしウイッテ自身はこのことに、まったく気づいていなかった。「他人の足を踏んでおきながら相手の痛みに気づかない鈍感な男」だったのだ。

ロシア太平洋艦隊の軍艦は、三国干渉で日露関係が悪化する前までは日本の長崎湾で越冬するのが慣例で、長崎対岸の稲佐村にはロシア艦隊用の海軍病院や兵舎や酒保などが整備され、ロシア海軍は、地元民との交流を大切にしていた。ロシア海軍は三国干渉のあとも、引き続き風光明媚で人情豊かな長崎での越冬を希望したのだが、ロシア外相ムラヴィヨフの意向によりやむなく長崎を離れ、旅順へ移った。それでもロシア海軍の機関紙『クロンシタット』一八九九年十月二十二日号は、

「シベリア鉄道が全通し、商品運輸が発達すると、日本海は通商貿易の壮大な舞台となり、ウラジオストクは一変して発展するだろう」

と論じて「ポシェット構想」への回帰を訴えている。これはおそらく日露友好を唱えた海軍

総督兼海軍元帥アレクサンドロヴィッチ大公の考えが反映されたのだろう。
日露開戦五年前のことである。

第二章　義和団事変

石光真清と満州馬賊

日本陸軍は三国干渉の翌年、すなわち明治二十九年（一八九六年）、日露が軍事衝突した場合に戦場となるであろう満州（現中国東北部）の実情を知るために、花田仲之助少佐を軍事探偵として潜入させた。花田は僧侶に化け、清水松月という僧名を名乗り、西本願寺のウラジオストク出張所を拠点に活動する。ウラジオストク（ウラジは「支配せよ」、オストクは「東方」の意）はその大仰《おおぎょう》な名に似合わぬ寂しい港町だった。

日本陸軍きっての戦略家と呼ばれ、対ロシア戦の研究に没頭していた陸軍参謀本部次長田村怡与造《いよぞう》大佐はその三年後の明治三十二年八月二十五日、花田から活動状況を聞くため、部下の石光真清《まきよ》大尉を伴ってウラジオストクに上陸した。翌日、田村は西本願寺のウラジオストク出張所を訪れ、茶を持って現われた僧形の花田に、

「花田君、どうだな、一向に様子がわからんのでやってきたよ。うまくいっとるかな」

とたずねた。すると花田は、

「ありがとうございます。おかげさまでお説教にお集りの信者も月ごとに増えております」

と応じた。これに対して田村大佐は不興を隠さず、

「いや花田君、仕事の方だよ。任務だから坊主の真似は必要だろう。だが僕の前でそのざまは

何だ。失礼ではないか。軍人が嫌なら嫌だとはっきりいったらよい。この三年間、君は何の報告もしなかった。これでは軍人としての勤めを果たしておらん。軍人としての勤めを果たすか、坊主になるのか、ここではっきり返答してもらおう」

と難詰した。すると花田は田村に眼を据えて、

「私は坊主でございます」

とやり返し、その場で辞表をしたためてさっさと陸軍を退役してしまった（日露開戦後、復帰）。これにはさすがの田村もあきれ果て、任務を捨てて坊主になってしまった花田の代わりに、自分に随行してきた石光真清大尉を二人目の陸軍諜報員として、ロシアが進出した満州北部のブラゴヴェヒチェンスクへ送り込んだ。日露開戦の四年半前のことである。

満州は、西は大興安嶺、北は小興安嶺、東は長白山脈に囲まれた約百十万平方キロの大平原で、アムール虎も生息する人跡未踏の森林や起伏の激しい遊牧地が広がる、コーリャン、アワ、トウモロコシなどの雑穀しか採れない、壮大なる過疎地だった。ロシア人と清国人（満州人と漢民族）と朝鮮人と日本人が混住し、人口（明治三十一年当時）は約五百万人で、その中心は満州人だった。このような未開の地では、民族の違いを越えて助け合わなければ人々は生きていけない。

満州で最もよい暮らしをしていたのはロシア人で、清国人をボーイや御者などに使っていた。清国政府は満州の名目上の支配者だったが、統治力は市街地にとどまり、郊外は満州馬賊が横行する無法地帯だった。人々は、市街地では清国官憲に従い、郊外に出れば満州馬賊の支配に従うのを常としていたという。

朝鮮人は才覚を生かしてロシア軍に協力、通訳や密偵などになる者も少なくなかったようだ。

日本人は大陸へ流れてきた女郎衆や女郎屋の主人、シベリア鉄道建設の現場作業員らであった。日本人女郎衆は金銭を貪らず盗心がなく淡白で清潔で親切だ、とロシア人の間では人気があったらしい。シベリア鉄道建設工事の人夫募集に応じて海を渡ってきた日本人は森林を切り開き、粗末な丸太小屋を建て、ロシア人鉄道技師の監督の下《もと》、汗水たらして肉体労働に従事していた。

石光真清大尉が送り込まれたブラゴヴェヒチェンスクに住んでいた日本人は、二十人余りの女郎衆と、女郎屋主人、洗濯屋、ペンキ職人など十数人の男たちだけだった。ここではロシア人、清国人、朝鮮人、日本人は互いに助け合い、時には酒を飲み、歌をうたって仲よく暮らしていた。

石光真清は菊池正三の変名で、ロシア陸軍コサック連隊付ポポーフ騎兵大尉の家に、身分を隠して寄食した。ポポーフは陽気な性格で、毎晩夕食後には夫人にピアノを弾かせ、石光に「歌え」と慫慂したという。ポポーフ夫妻は石光の身許を別段気にもせず、石光の下手なロシア語に笑い興じた。

ポポーフは明治三十三年（一九〇〇年）二月、石光を、

「僕は明日公務で愛琿《あいぐん》の鎮守使公署へ行く。君も一緒に行こう。馬は用意させておく」

と誘った。

愛琿城はアムール河南岸の清国領にある人口三万人の小都市で、周囲に土壁をめぐらして四方に門を設け、街の中央には副都統府・鎮守使公署など諸官署があった。それらの門前には槍を手にした番兵がいかめしく立っていた。住民の大部分は満州人である。

ポポーフが鎮守使公署で用事を済ませてる間、石光が市内を見物していると、兵営門前の大木に格子作りの箱が六個ぶら下がっているのが見えた。箱のなかに入っていたのは、前日、斬刑に処せられた馬賊の首だった。

その夜、石光が愛琿で泊まった宿屋の女主人、水野花が語るところによると、

「あの晒首は三里ほど離れた村で捕らえられた馬賊の雑兵《ぞうへい》のもので、六人は拷問にかけられても口を割らず、そのため、首を斬られた」

という。水野花は「馬賊は雑兵まで立派な死に方をする」と賞賛し、

「満州に進出したロシア軍は普段、馬賊の討伐は行なわず、シベリア鉄道の工事を妨害したり、

材料を盗んだり、ロシア人を殺したりしたときだけ馬賊を討つのだ」

といった。また馬賊同士の信義は固く、誓約は互いの血を啜《すす》って行なわれ、

一、機密を洩らした者は斬る。
二、命令に反抗した者は斬る。
三、敵に内通した者は斬る。
四、脱走を企てた者は斬る。
五、同志を欺き侮辱した者は斬る。

との五カ条の誓いを立てているという。

さらに水野花は、

「町には都統や鎮守使の軍隊がありますが、広い満州を全部治めているわけではありません。旅をするとき、荷物を送るときなど、お金を出して頼みますと、土地ごとに馬賊の連携があって、旅程は安全が保障され、何の被害も受けません。荷物なら種類を、人なら身分や所持金を聞き、相応の料金を受け取るのです」

と、土着的運輸通信業を営む馬賊への共感を語った。

そんな満州馬賊の実体は、実ははっきりしない。

満州の歴史を振り返ってみると、紀元一世紀頃ツングース系の「扶余」が建国され、六世紀頃にはツングース系の「高句麗」が満州と朝鮮半島北部を支配している。その後、ツングース系の「渤海」が十世紀まで栄えて日本などと交易を行ない、十二世紀にはツングース系の女真族が「金」を建国した。ツングース系民族は弓を携え山野を跋渉《ばっしょう》する狩猟民族で、絶えず移動し、移住地の環境によってはトナカイなどの牧育や農耕も営んだらしい。「金」は十三世紀にモンゴル軍の攻撃を受けて滅んだが、十七世紀に女真族のヌルハチが「後金」（清の前身）を建国し、ヌルハチの孫のフリン（愛新覚羅福臨）が万里の長城を越えて北京へ入り、清朝皇帝順治帝（世祖）となり、中国本土を支配する。

満州馬賊は、こうした満州攻防史のなかで満州の山野へ入り、点と線を支配する清国官憲とは一線を画しながら、馬車屋・カゴかき・運び屋・飛脚などの土着的運輸通信業を営む割拠集団だったようだ。

義和団が北京を制圧

平和だった満州に突如、流血の惨事が訪れる。義和団事変である。

十九世紀に入り衰微の度を深めた清国では、近代化を目指した第十一代皇帝光緒帝が一八九八年九月、改革に抵抗する光緒帝の伯母西太后に幽閉された。以後、西太后の下で、西太后の姪を妻とする有力皇族の端郡王《たんぐんおう》が剛毅や董福祥《とうふくしょう》ら保守排外派を率いて清朝の実権を握った。

こうしたなか一九〇〇年(明治三十三年)、義和団事変が勃発する。

その三年前の一八九七年頃から山東省を中心に、

「秘密の呪文を念じ、義和拳(拳法)を習得すれば銃弾に当たっても死なない」

などと唱える宗教が流行し始め、外国人宣教師や中国人キリスト教徒がその信徒たちに襲撃される事件が多発していた。

ローマ法王が一七〇四年に中国人キリスト教徒の祖先崇拝・孔子礼拝を禁止してから、中国人キリスト教徒のなかには祖先を祀る父母と論争して不和になる者が生じ、逆に父母たちは「子女を教会の虜《とりこ》にされた」とキリスト教を憎むようになっていた。さらに天津条約(一八五八年)、北京条約(一八六〇年)によりキリスト教布教が公認されると、外国人宣教師と中国人の軋轢は一気に高まる。

加えて近代化に伴う失業問題がキリスト教排撃に拍車を掛ける。綿織物・軽工業品など外国商品の流入や、鉄道・電信の敷設による馬車屋・カゴかき・運び屋・飛脚といった生業的運輸通信業の衰微により一般民衆が失業や生活苦に喘ぐようになると、民衆の間で排外的気運が助

長され、

「西洋人を国外へ追放すれば生活はよくなる」

との素朴な攘夷思想が沸きあがり、これが、キリスト教排撃と結合した。

信徒たちは山東省で一八九七年にドイツ人宣教師を、一八九九年十二月にイギリス人牧師を殺害した頃から「義和団」と自称するようになり、外人宣教師殺害、キリスト教会襲撃はもとより外国製品を売る商店や外国人に雇用された中国人にも危害を加え出し、さらには鉄道、駅、

小銃や刀剣を帯びた義和団

電信線、教会付属病院などの近代的施設を破壊するようになる。一九〇〇年四月には義和団数十万人が北京城周辺に群集して城門前で公然と拳法の訓練をするようになり、

「義和団が大挙して教会を襲い、外国人やキリスト教徒を大虐殺する」

との流言が飛ぶ不穏な事態となった。すると五月十三日、義和団が北京の南西七十キロの保定市でキリスト教会を焼き、中国人キリスト教徒七十余人をなぶり殺しにするという事件が、本当に起

きてしまった。

ところが、有力皇族で最大実力者の端郡王は義和団のこうした攘夷行動を取り締まるどころか逆に称賛し、五月二十二日には義和団の首領らが北京城内に入って清朝皇族らに対して「扶清滅洋」を宣言。これを機に暴行は一段とエスカレートし、北京近郊の長辛店駅、豊台駅、盧溝橋駅が焼き払われ、公使館員や居留民が殺害されるなど、凶悪な事件が相次いで起きる。

そこで北京駐在各国公使は会議を開き、「北京へ護衛兵を招集する」ことを決定、天津の外港である大沽《タークー》沖の各国軍艦から集められたロシア・イギリス・フランス・アメリカ・ドイツ・イタリア・オーストリア・日本の八カ国の兵士四百四十三名が五月三十一日に第一陣として、天津を経て列車で北京に入った。これにより北京の日本人は、西徳二郎公使、石井菊次郎一等書記官、杉山彬《あきら》書記生など公使館員とその家族、公使館付き武官柴五郎陸軍中佐と守田利遠《としとお》大尉、写真館主、電燈会社技師など五十六名と、語学研修生の安藤辰五郎陸軍大尉と、第一陣として天津から来援した海軍陸戦隊二十五名の、合計八十二名となった。

北京の五十五日

北京駐在の各国公使および駐在武官は一九〇〇年六月七日、イギリス公使館の会議室に集ま

り、

「万一の場合はイギリス公使マクドナルドが指揮を執り、イギリス公使館を本丸として公使館区域を守る。婦女老幼ら外国人居留民はイギリス公使館へ収容して保護する。戦闘が生じたらイギリス公使館は野戦病院の役割を果たし、負傷兵を収容する」

ことを申し合わせた。北京城内の公使館区域は東西約九百メートル、南北約八百メートル、面積約五万四千坪で、なかでもイギリス公使館は敷地が広く建物が堅牢で、本丸とするのに適していた。六月九日にはさっそく外国人居留民の多くがイギリス公使館への避難を始めたのだが、翌日、義和団によって電信線が切断され、各公使館は外部との連絡を断たれてしまった。

事態が緊迫の度を増すなか、北京救援の第二陣として六月十日朝、大沽沖の八カ国の各国軍艦から集められたシーモア隊（イギリス海軍シーモア中将が指揮する第二陣二千四十名）が北京へ向けて列車で天津を出発した。ところが北京の東方五十キロ付近で鉄道が破壊され、さらに義和団三千余人の襲撃を受け、前進不可能となってしまう。

各公使館はすでに電信線が切断され外部との連絡を断たれていたから、日本公使館はシーモア隊が立ち往生していることがわからなかった。六月十一日朝、日本公使館杉山彬書記生が北京到着予定のシーモア隊を出迎えるため北京城永定門外を馬車で移動していたところ、董福祥指揮下の清国軍正規兵に呼び止められて馬車から引きずり下ろされ、刺殺された。心臓はえぐり抜かれて董福祥に献上され、屍体は棒で突くままとされた。このときすでに清国軍正規兵と義和団は一体化し始めていたのだ。

そしてついに義和団四百余人が六月十三日午後五時頃、崇文門から北京城の内城へ乱入してきた。フランス天主教堂、外国人住宅、中国人キリスト教徒宅などを焼き老若男女を殺戮、各所で発生した火災により黒煙が天を覆った。

六月十四日には東堂天主教会が放火され、南堂天主教会も焼失した。南堂天主教会周辺の中国人キリスト教徒の家々も焼かれ、多くの中国人が殺傷された。そこでフランス兵とアメリカ兵が救援に出向いて中国人キリスト教徒六百余人を救出、公使館区域へ保護した。

また同日午後八時頃、義和団は、北京内城の正陽門前や崇文門前の中国人キリスト教徒や富裕中国人を襲って財産を略奪し、婦女子など数千人を殺戮した。女や子供たちの悲鳴が夜の闇を切り裂き、阿鼻叫喚が夜空に響いた。命からがら脱出した中国人キリスト教徒一千数百人は深夜から未明にかけて、公使館区域へ避難してきた。彼らは頭を割られて血だらけで背負われていたり、顔が火傷で真っ黒になっていたり、刀傷を負った妊婦もいたり、なかには「家族は皆殺され私一人だけ逃げてきた」と訴える者もいて、とにかく目も当てられぬ有様であった。

だがイギリス公使館は外国人居留民で瞬く間に埋め尽くされたために、彼ら中国人キリスト教徒難民二千余人は清朝の皇族粛親王の屋敷に保護された。粛親王屋敷はイギリス公使館の前面に位置し、五千坪の広大な屋敷には堅牢な建物群や庭園があり、日本人駐在武官柴五郎中佐が警備を担当していた。粛親王（川島芳子の実父）は義和団事変に中立の立場をとり、郊外に避難していたので、柴中佐は馬車を走らせて粛親王の寓居に至り、中国人キリスト教徒の窮状を訴え、彼らを粛親王屋敷で保護する許可を得たのである。

一方、北京への前進を阻まれていたシーモア隊は廊坊の戦いで義和団に敗れ、六月十八日、天津へ向けて退却し始めた。このため北京は、ついに孤立してしまう。

六月十九日には西堂天主教会が放火されて焼失、東西南北と四つあった天主教会のうち東西南の三つの教会が焼失したため、唯一残った北堂天主教会に神父・尼僧三十三人、中国人聖職者百二十人、中国人キリスト教徒三千数百人が避難、そこにフランス兵・イタリア兵四十二名が支援に入った。

義和団圧勝の形勢になると、清朝宮廷内では西太后や端郡王を中心に、

「義和団の力で外国人を国外へ放逐しよう」

との攘夷気分がますます高まり、六月十九日午後一時、清国政府は各国公使に、

「二十四時間以内の立ち退き」

を要求した。しかし安全な天津までは百キロ以上もあり、しかも義和団の襲撃を受けながら

の逃避行は困難である。そもそも「二十四時間以内の立ち退き」では準備する余裕がない。

そこで、各国公使らが集まって緊急の対策会議が開かれた。するとドイツ公使ケテラーが、

「彼らとて話せばわかるはずだ。自分が行って交渉をまとめる」

といって通訳一人を連れ、外交官であることを示す紅と緑の傘を掲げた馬車に乗って公使館区域を出た。ところが三、四百メートル進んだところで、二人は清国軍正規兵に射殺されてしまった。

これを目の当たりにした北京駐在各国公使団はついに籠城を決意。籠城総指揮官はイギリス公使マクドナルド、本営はイギリス公使館となった。

柴中佐の活躍

清朝宮廷は六月二十一日、列強に宣戦布告した。宣戦の詔勅は、

「かりそめに生き延びて恥を万古にさらすより、戦って雌雄を決する」

という威勢のよいものである。

宣戦が布告されると義和団に代わって清国軍が前面に出て攻撃を開始し、オーストリア公使館が同日午後十一時、陥落全焼した。脱出して本営のイギリス公使館へ逃げ込んだオーストリ

ア軍指揮官トーマン中佐は六月二十二日正午、籠城総指揮官イギリス公使マクドナルドから、「イギリス公使館の前面に位置する粛親王屋敷を貴官が指揮して各国の兵で守るよう」命じられたが、「粛親王屋敷は広すぎて守備困難」と従わず、何処《いずく》ともなく逃げてしまった。その結果、防衛上の最大拠点であり激戦が予想される粛親王屋敷は、柴中佐率いる日本軍が、中国人難民を保護しながら、守備することとなった。

六月二十三日、清国軍は夜明けとともに粛親王屋敷に大砲を撃ちかけ、清国兵五百余人が小銃を猛射しながら来襲した。これに対して柴中佐は手勢三十余人を囲壁や建物の屋根の上などに配置して、迫り来る清国兵を狙撃させ、撃退した。これを見たイギリス人義勇兵シンプソン二十三歳は、

「数十人の義勇兵を補佐として持っただけの少勢の日本軍は、粛親王屋敷の高い壁の守備に当たった。その壁はどこまでも延々と続き、これを守るには少なくとも五百人の兵を必要とした。しかし日本軍は柴五郎中佐という素晴らしい指揮官に恵まれていた。奇才ともいうべき柴五郎中佐は緑・青・赤の点を付した地図を携帯し、刻々と変わる兵隊の部署、兵力、戦闘能力を常に監視し記録した。日本軍の組織づくりはこれほど素晴らしい」

と記している。なおこの日、アメリカ教会に属する中国人キリスト教徒一千余人が粛親王屋敷に逃れてきた。これにより中国人避難民は三千余人に膨れ上がり、それを柴中佐とわずか三

十数名の日本兵が守備したのである。

清国政府は六月二十四日、義和団を正式に認知して米二百石を給付し、清国軍に組み込んで剛毅の指揮下に編入、さらに翌六月二十五日、西太后は義和団に軍資金として銀十万両を下賜する。勢いづいた清国軍と義和団は粛親王屋敷を二重三重に取り囲み、ラッパを吹き鳴らして攻め立てた。

そして六月二十七日、夜明けとともに清国軍の一斉攻撃が始まり、董福祥指揮下の清国兵から選抜された決死隊が北壁を破壊して粛親王屋敷へ突入してきた。それに対して日本軍は弾薬不足ということもあり、射撃を控えた。これを見た清国軍は総攻撃に踏み切る。だが大挙して粛親王屋敷へ突入した途端、待ち伏せていた日本軍の一発必中の射撃を受け、清国兵はたちまちなぎ倒された。イギリス公使館書記生ジャイルズはこのときの様子を、

「柴五郎中佐は、まったく素晴らしい将校だ。大砲で粛親王屋敷の壁を破壊して突入してきた清国兵らは、日本兵のすさまじい一斉射撃で叩きつぶされた」

と述べている。またこの戦闘を目の当たりにした『北京籠城』の著者ピーター・フレミングは柴中佐を、

「戦略上の最重要地点である粛親王屋敷では、日本兵が守備のバック・ボーンであり、頭脳だ

った。イタリア兵は頼りにならなかった。日本軍を指揮した柴五郎中佐は籠城中のどの士官より有能で経験も豊かだったばかりか、誰からも好かれ尊敬された。日本人の勇気、信頼性、そして明朗さは籠城者一同の賞賛の的となった」

と絶賛している。

これは柴中佐が常日頃から、

「数少ない兵力で籠城した際、包囲する数十万という膨大な敵軍に対して、いかに防戦するか」を真剣に考え、また事前に北京城およびその周辺の地理を詳しく調べ尽くしていたからできたことなのである。

しかし所詮多勢に無勢で、戦局は極めて困難となる。

敵は七月二日には二門の大砲を乱射、その援護のもと散兵が小銃を猛射して粛親王屋敷へ侵入してきたので、日本兵は後退せざるを得なくなった。弾薬はますます欠乏し、銃弾は兵一人当たり残り五十発ほどしかなかった。食料はわずかな米と若干の昆布および隠元豆くらいで、相次ぐ死傷者の続出により医薬品も底をついていた。

七月六日に安藤辰五郎大尉が喉を撃ち抜かれて戦死、七月十日になると粛親王屋敷の約半分が占領され、日本兵の死傷は著しく、糧食はいよいよ欠乏した。守田利遠大尉は全滅を覚悟するに至ったこの絶望的な情況を日記に、

「人心みずから憂苦。死期の近きを悟りたり」

と記している。七月十三日にはフランス公使館が陥落炎上、ドイツ公使館危急となり、北京の公使館区域はまさに、全滅の危機に瀕したのである。

ブラゴヴェヒチェンスクの虐殺

北京で清国軍・義和団連合が優勢になると、義和団事変は華北から満州へ飛び火して、満州で露清が衝突した。

最初に仕掛けたのは清国である。清朝の皇族端郡王が中国全土に決起を促し、満州の愛琿城へも端郡王の説客（使者）が送られてくると、清国軍の愛琿駐屯隊長劉謙徳は満州馬賊宋紀らと結託して、ロシア軍の根拠地ブラゴヴェヒチェンスクを破壊しようと企んだのだ。劉謙徳はまず宋紀とその一味を工作員としてブラゴヴェヒチェンスクの街に潜入させ、次に清国軍愛琿駐屯隊がアムール河南岸の清国領内から対岸のブラゴヴェヒチェンスクを砲撃、これを合図に宋紀ら工作員を蜂起させ、ブラゴヴェヒチェンスクを焼き払おうとしたのである。

七月十三日、ロシア汽船「ミハイル号」が軍需品を満載してブラゴヴェヒチェンスクからアムール河を下り、愛琿城の近くまで来ると、清国軍正規兵十数名がジャンクに分乗して漕ぎ寄せ、銃口を向けて停船を命じた。「ミハイル号」は命じられるまま停船すると同時に密かにボートを出して、ブラゴヴェヒチェンスクの州庁へ事態を通報した。通報を受けたアムール州軍務知事グリーブスキー中将は、ロシア人国境裁判官に騎兵三十騎をつけて愛琿城の清国副都統に抗議させたが、清国副都統は曖昧な態度で要領を得なかった。

ブラゴヴェヒチェンスクには苦力《クーリー》や商人などの清国人が三千余人いたが、いち早く危険を察知した一部の清国人は七月十四日になると、アムール河を渡って自国領内へ逃げ始めた。そこでグリーブスキー中将は七月十五日午後二時、アムール河渡航禁止令を発して渡船をすべて繋留、十数名のコサック騎兵に波止場を警戒させて、清国人避難民を追い払おうとした。しかし避難民は立ち去ろうとせず、そこへ新たな避難民が集まって来たため、コサック騎兵は抜刀して剣を馬上高く振り上げ、力づくで群衆を追い散らした。

同日午後六時頃、清国軍がアムール河対岸の清国領内から砲撃を開始すると砲弾が州庁付近に落下、ロシア軍の野砲十門も応戦し、約一時間にわたり互いに砲火を交えた。

グリーブスキー中将はコサック連隊に「全員招集」を命じるとともに、ロシア人男性市民全員に小銃・弾薬を分配、さらに野砲陣を強化し、斥候を派出して市中の偵察を行なわせた。その結果、宋紀ら工作員が清国人民衆にまぎれて破壊活動を行なおうとしていることが判明、ただちに討伐隊が結成され、ロシア兵と市民による「清国人狩り」が一斉に始まる。これは徹底したもので、苦力であろうと、商人であろうと、泣き叫ぶ少年店員であろうと、ロシア人宅のボーイであろうと、清国人三千余人は容赦なく各戸から引きずり出され、追い立てられて、コサック兵・警吏・ロシア人義勇団員に虐殺された。ロシア軍は、民衆を楯とし、民衆のなかに紛れ込んだ工作員を手間ひまかけて選別することなく、関係のない民衆ごと、まとめて殺してしまったのである。

しかも悲劇は、これで終わりではなかった。

愛琿城の虐殺

八月二日、ロシア陸軍の大部隊がブラゴヴェヒチェンスクに到着して武器・弾薬・食糧が集積されると、ロシア軍はただちに行動を起こし、八月三日午前三時、アムール河を渡って清国領の黒河鎮へ上陸、集落を焼き払い、逃げ遅れた住民を一人残らず虐殺して火焔のなかに投じた。

次にロシア軍は、アムール河南岸で清国領の愛琿城を包囲、住民三万人のうち、すでに二万数千人は家財道具を持ち、城を出て、チチハルへ向け避難を開始していたが、逃げ遅れた住民数千人をことごとく殺戮すると火を放ち、それが済むと城を出た避難民を追撃した。

避難民二万数千人は、ある者は荷物を担ぎ、ある者は家財を荷車に積み、ただ一本のチチハル公路を揉み合いながら、倒れたり踏まれたりしながら進んでいた。そこへコサック騎兵は馬を飛ばして追い迫り、ひしめき合って逃げる避難民の一群に小銃を乱射、女も、子供も、老人も撃ち殺される地獄絵図となった。さらにブラゴヴェヒチェンスク対岸の清国領の諸都市や村落も焼き払われ、そこでも住民は皆殺しとなった。

そしてグリーブスキー中将は「清国人に告ぐ」と題し、こう布告した。

「去月以来、汝等は、ブラゴヴェヒチェンスクとロシア臣民を襲撃せり。大ロシア帝国の兵力の恐るべきを忘れたか。汝等に懲戒が下れり。ロシアを攻撃した愛琿城とアムール河岸の諸市村落は焼かれ、汝等の兵は殺され、アムール河の水は満州人の屍によって汚されたり。以後、満州人はアムール河沿岸の諸村落に帰来するを許さず。もしロシアを攻撃するなら、不幸は汝等に下る。汝等の村落は火をもって破壊され、一人も生存せざるべし」

要するに「ロシアに歯向かう者は絶対に容赦しないとのロシア陸軍の鉄の意志」を示したのだ。ロシア恐るべし、である。

ロシア陸軍は鈍重だが、いったん前進を始めると怒涛の勢いで眼前の敵を破壊し、焼き尽くし、殺戮する。もし前進を阻まれたとしても、北から張り出してくる大寒気団のようにどっかりと腰を下ろし、縦深陣地を堅固に守って、一歩も退かない。

ロシア人一人一人は愛嬌ある愛すべき好人物が多いが、ひとたび軍務に服するや忠実な破壊者に変身する。この恐るべきロシア陸軍に対しては、かつてフランスのナポレオンが挑んで敗退し、のちにヒトラーが挑戦して敗れる。世界最強のアメリカでさえ、ロシアと戦火を交えることだけは避けているのだ。

義和団鎮圧

一方、北京情勢は、ますます緊迫の度を増していた。

前述のとおり七月十日に粛親王屋敷の約半分が占領され、守兵の死傷は著しく、医薬品は底をつき、糧食・弾薬は欠乏し、七月十三日にはフランス公使館が陥落炎上、ドイツ公使館は危急となり、北京の公使館区域は全域にわたって危機に瀕した。

日本公使館でも全滅寸前のなか、館員たちが棍棒と投石で必死の抵抗を続けていた。

そのうちの一人、石井菊次郎一等書記官（のち外務大臣）は当時をこう回顧している。

「外交官としての経歴を歩み出してまだほんの間もない頃、私は北京で血の洗礼を受けた。私は、男、女、子供を含めて全部で一千人ばかりの外国人の一人であったが、当時中国で猖獗《しょうけつ》を極めていた排外的狂信主義の生け贄として、まさに虐殺されようとしていた。この武装した狂信者の集団は義和団（拳匪）という名で知られていた。彼らの目的は中国にいるすべての欧米人（彼らは日本人もその中に入るとみなしていたのだが）の根絶であった。そして彼らは、清朝政府自体の暗黙の奨励を受けていた。彼らの最初の標的は外国の外交団であり、公使館地区に包囲攻撃をかけてきたが、そこには北京及びその周辺地域の、すべての外国人が避難してきていた。

一九〇〇年六月十一日から九週間にわたって、この包囲された地域に銃弾と砲弾が雨あられとばかりに浴びせかけられた。われわれが死に直面していない時間は一分たりとてなかった。われわれの中に正規軍の兵士は百名そこそこしかいなかった。残りは民間人で、彼らは利用できる限りの武器を手にとって戦いに加わったが、残念ながらそのような武器はほとんど見つからなかった。

私は勇敢な人々が私の目の前で次々に倒れていくのを見た。食料はわずかしかなかった。弾薬は底を尽き、補充のあてはなかった。外部の兵力がわれわれの救援にやってくるという知らせはなかった……外国人に対するこのような殺戮の発生した原因は何だったのか。それは中国人の主権を列強諸国が侵害したことだ、と中国人は答える。彼らは不平等条約を中国に押しつけ、関税自主権を奪ってしまった。彼らは租界という形で治外法権区域を設定した。彼らは無防備な沿海地域を砲撃し、何千という罪もない民衆の命を奪った。これらのありとあらゆる蛮行を、一体どうやって止めることができたのか。それは外国人の鬼（中国人は欧米人と日本人をこう呼んだのである）を絶滅することによってのみ可能だった。義和団事変はまさにその結果だった」（『シナ大陸の真相』）

ところがこののち、清国軍の攻撃は緩和されていく。

そのわけは、日本・アメリカ・フランス・イギリスの四カ国が北京を救援するため連合軍五千人を編成して七月十四日に天津を制圧し、さらにロシア・ドイツ・オーストリア・イタリア軍を加えて一万五千人となった連合軍が八月四日に天津を徒歩で出発、北京へ向けて進軍を開始したからである。

連合軍は各所で清国軍・義和団を撃破しながら北京に入り、八月十四日の総攻撃で公使館区域を解放して、五十五日間にわたって籠城していた公使館員・居留民八百余人と中国人キリスト教徒三千余人を救出、こうして北京籠城は終わりを告げたのである。

石井菊次郎は、

「神の摂理は、われわれが全滅せぬことを望んでいた。包囲攻撃が始まってから十週目の初めに、多国籍軍（その九割は日本軍だった）が外壁を急襲して突破し、公使館地区に突入してわれわれを死の淵から救い出したのである。われわれの一部が生きのびて救援軍を迎えることができたのは、奇跡以外のなにものでもなかった」

と記している。

なお義和団事変で殺害された民間人は外国人宣教師二百四十余人、中国人キリスト教徒二万三千余人であった。

北京解放の翌八月十五日未明、西太后は、光緒帝の愛妃珍妃を宦官《かんがん》に命じて紫禁城寧寿宮裏の井戸に突き落として殺害させ、自らは光緒帝を伴い古馬車に乗り、農婦に化け、端郡王、董福祥らに守られながら西安へ向けて逃亡した。西太后が珍妃を殺して光緒帝を伴ったのは、聡明な珍妃が光緒帝を助けて連合国と講和し、自身が失脚することを恐れたからである。

第三章　満州を占領したロシア軍の脅威

ロシア軍、満州へ

北京ではその後も「義和団逆襲」「清国兵襲来」の噂が絶えなかったが、北京開放一カ月後の一九〇〇年九月二十七日にヴァルダーゼー元帥率いるドイツ軍一万七千余人が到着すると、ドイツ・フランス・イギリス・イタリア四カ国の連合軍が合計四万七千人の大兵力で、北京および周辺に四散した義和団の追討を行ない、事変は完全に鎮静化した。

ところがロシア軍はドイツ軍のヴァルダーゼー元帥が着任した九月二十七日に、

「ロシアは北京に関心はなく、満州に重大な関心を持つ」

と宣言、早々に北京の治安維持を放棄して、北京から去ってしまった。

さらにその後、ロシア軍リネウィッチ中将がイギリス軍司令部に対して、

「北京〜山海関の鉄道を連合軍に引き渡し、ロシア軍は直隷（河北省）から撤兵する」

と伝え、それを実行した。

ちなみに山海関は「万里の長城」の東端であり、華北と満州を分ける境界である。この山海関の東側が関東、すなわち満州となる。ある中国人が日本人に、

「日本の関東軍とは、茨城や栃木など関東出身の兵隊から構成された軍隊のことか？」

と質問したそうだが、もちろん関東軍とは山海関の東で「万里の長城」の外側の満州を守る

軍隊のことだ。日中間の誤解を解くには、こういう基礎的なことから説明していく必要がある。

さて、このときのロシアの基本的な考えは、

「華北と満州は別である。北京などはイギリスに任せる。我がロシアは満州経営に専念し、ロシア陸軍を満州へ集中して、イギリスとの摩擦を避ける」

というものであった。要するに「選択と集中」である。ロシアのスタンスは明解かつ老獪なのだ。

そのロシアは、表向き各国公使による対清交渉に合意していたが、一方で清国と独自の単独交渉に入る姿勢を覗《うかが》わせていたため、列強はそんなロシアの抜け駆けを警戒して、各国公使会議の場でロシア外交にタガをはめようとしていた……。

すると実際に裏で清国に対して、「端郡王ら義和団事変責任者の処分を寛大にする代わりに満州をロシアによこせ」と迫っていたロシアは十一月二十六日、清国の奉天将軍増祺《ぞうき》と「露清密約」を締結して、ロシア軍の盛京省（のちの奉天省）への駐兵権を認めさせたのであった。

年が明け一九〇一年一月三日、イギリスの新聞ロンドン・タイムズは、

「『満州で最も重要な盛京省をロシアの軍事占領下に置く』との露清密約が締結された。この露清密約により、満州は事実上、ロシアの保護領になるだろう」

とスクープした。露清密約は「ロシアによる満州保護領化への第一歩」だと、列強にみなされたのである。

ロンドン・タイムズが露清密約を報じると、ロシアは列強の介入を嫌って交渉の場をペテルスブルクへ移した。ラムスドルフ外相は楊儒《ようじゅ》駐露公使に、

「再びシベリア鉄道・東清鉄道を破壊されぬため、ロシア軍の満州への駐兵は不可欠である。満州に鉄道を有さない他の列強の駐兵権は、認められない」

と迫った。

楊儒公使はラムスドルフ外相の強硬姿勢に苦しみ、本国の李鴻章と慶親王（清朝皇族）に、

「ロシアの態度は恫喝に似たり。列国の助力がなければ、清国は調印を余儀なくされよう」

と打電した。

するとロンドン・タイムズ（二月二十八日付）はまたしても秘密交渉をスッパ抜き、

「露清条約草案は、①満州における清国の主権を制限、②東清鉄道開通まで清国軍の満州駐屯と満州への武器搬入を禁止、③東清鉄道開通後の清国軍の駐屯兵力はロシアの許可を得ること、④満州の利権はロシアの許可のない列国への譲渡を禁止、⑤ロシアは北京への鉄道敷設権を得る、との内容」

とセンセーショナルに報じた。

これにより露清条約調印をいよいよ急がねばならなくなったロシアは清国に対して、

「三月二十六日まで露清条約を調印せよ。さもなければロシアは自由行動をとる」

と最後通牒を突きつけた。

清朝の光緒帝はロシアのこの高圧的姿勢を、

「清国が調印を拒否してロシアの不興を買うことはできない。列国の支援がなければ満州はロシアのものとなり、永久に清国の手には戻らないだろう」

と嘆いた。清国の屈服は「時間の問題」となったのである。

満州は北方異民族である清王朝にとっての出身地、すなわち故郷であり、聖地である。清王朝の皇族は毎朝、満州の方向に向かって礼拝し、満州語の経文を唱えるのがしきたりとなっていた。その大切な地がロシアに奪われるというのに、清国も意気地がない……。

一方、ロシア軍南下に危機感を募らせた日本政府は、駐露公使珍田捨巳《ちんだすてみ》に三月二十四日、抗議をさせた。しかしロシア外相ラムスドルフは、

「露清条約は一時的なもので、清国の主権や貴国の権益を脅かすものではない。また露清条約は露清の二国間問題であり、他国の干渉は受け入れられない」

と突っぱねた。ラムスドルフは「強く出れば日本は引っ込む」と思ったようだ。そう、ロシ

アは日本を「外圧に弱い国」と見ていたのだ。

ところがこの高飛車な回答に対して、日本国内に対露強硬論が生じるのである。国際法の権威有賀長雄博士が大阪朝日新聞で、

「万一、干戈に訴うの必要を生ずれば、これを辞せざるの決心を要すること、勿論なり」

と主張、英米の各新聞も日露開戦を論じ、上海に進出していた戦艦「三笠」は急遽帰還。日本郵船の汽船はすべて止まり、太平洋航路の保険料率が引き上げられた。

すると日本のこの強硬姿勢に意を強くした清国政府は露清条約の調印を拒否し、清国駐日公使李盛鐸を通じて一九〇一年（明治三十四年）三月二十九日、日本政府に、

「日本が東方の大局を顧慮し、唇歯《しんし》の関係を念じ相助くるは、清国の最も感激する処なり」

との深い謝意を表明したのである。


結果的に日本が、ロシアとの戦争を覚悟してまで清国を助けたことで、日本とロシアの間に誤解と疎隔が生じる。

ロシア政府は一九〇一年四月五日付官報で、

「重大な妨害を加えた者（日本）があり、満州問題解決に役立つはずの露清条約調印に重大な障害が生じたので、ロシア軍が満州から撤兵することは不可能になった」

と公表した。

翌四月六日にはラムスドルフが日本の強硬姿勢に対して、

「日本が満州問題を重大視するとは意外である」

と表明。

そして四月七日、ロシア駐日公使イズヴォルスキーが加藤高明外相に面会を求め、

「ロシアは清国に露清条約調印を主張しない。今後も満州問題に関する協定を断念する」

と伝達、一応、日本の強硬姿勢に配慮を見せたかに思えたが、露清条約調印を断念したロシア軍はその後、満州にどっかりと居座ってしまった。

こうしたロシアの立場についてロシア紙ノーヴォエ・ヴレーミア（六月二十八日付）は、

「満州撤兵の順序を確定し、争乱の再発防止手段を取り決めるため、露清間で条約締結の交渉を行なったのは正当であった」

との趣旨の長文の論説を掲げ、暗に日本を非難した。

ロシア軍満州占領長期化

ロシア外務省は北京解放直後の一九〇〇年八月二十五日以降、

「ロシア軍の満州進駐は、シベリア鉄道・東清鉄道を清国暴民の破壊行為から保護するための一時的措置である。領土的野心や、利己的目論見によるものではない。満州の秩序回復と鉄道保護が実現すれば、ただちに撤兵する」

と繰り返していた。すなわちこの主張は、

「清国政府がシベリア鉄道・東清鉄道と満州在留ロシア人とロシアの事業について保護義務を果たすことが、ロシア軍撤兵の前提条件である」

ということである。

ロシアからすれば、将来また、義和団事変のような清国人の暴動があって、

「ロシアの鉄道を荒らし回って材料を盗み、建物・諸資材を焼き払い、鉄路を破壊し、ロシア守備隊やロシア人鉄道員を惨殺し、ロシア人女性は赤裸の死体となって放置される」

ような事態が「再び起きない保証」が必要なのである。

実のところ、十七万人もの大軍を派遣しなければ満州の鉄道網を保護できないロシア陸軍の鈍重性・非効率性は、ロシアの恥部であった。このことはやがて日露開戦となって白日の下に晒されるのだが、いまの段階では日本や他の列強に知られたくない、ロシアの最高軍事機密であったのだ。だからロシアにとって満州撤兵問題は「清国との秘密交渉」とならざるを得なかった。だがその秘密交渉が、日本を不安に陥れ、日本陸軍の危機感を昂ぶらせたのである。

こうして日露間の誤解と猜疑は、だんだん深まってゆく。

本来なら清国政府がロシア政府に、

「ロシア人鉄道員の安全を保障するから、撤兵してほしい」

と申し入れるべきである。

しかし清国政府には、馬賊や匪賊による鉄道破壊やロシア人鉄道員への襲撃を防止する治安維持の力はなかった。もともと清国総督将軍の威力は各城郭の周辺までで、清国政府は「点と線」を支配しているに過ぎず、その先の荒野はアウトローが支配する無法地帯である。清国軍にとって人里離れた原野を走る鉄道を守ることは、どだい不可能な話だったのだ。

そのうえ清国は国内矛盾を抱え、庶民層に根深い不満があり、再び「第二の義和団事変」のような動乱が発生するかもしれない。とくに鉄道敷設は満州馬賊の収入源である「馬車屋・カゴかき・運び屋・飛脚など土着的運輸通信業」に壊滅的打撃を与えるため、彼らの強い反感を買っている。

このように清国政府による鉄道保護に実効力が伴わないので、ロシアとしては、東清鉄道や支線網の保全のため、大軍の駐留が必要となるのである。

清国が満州の治安を維持できないとなると、誰が満州の治安を保持するのか、という問題が生じる。ロシアの主張は、こうである。

「名目上の領有者である清国が満州の治安を維持できないのだから、ロシアが大軍を送り込んで満州の治安を保持するしかないではないか」

これも実におかしな話だが、騒乱や動乱というものは、こうした背景のなかから生じるのだ。しかも三国干渉の見返りに清国に認めさせた東清鉄道は、すでに清国領土である満州のド真ん中をブチ抜いて完成しつつある。

ロシア蔵相ウイッテが公言したように、東清鉄道が満州の文明開化に役立つのは事実だが、満州馬賊が支配する荒野の無法地帯を走る鉄道網の保全には、

一、満州馬賊による神出鬼没のゲリラ攻撃に応戦すべく大軍を配備する。
二、満州馬賊とコミュニケーションを図って慰撫し、満州馬賊に鉄道文明の恩恵を分与して、鉄道保全に協力させる。

しかない。帝政ロシアは後者を選ばず、前者を選んだのである。

伊藤博文の日露協商論

この頃、ロシア駐日公使イズヴォルスキーが親露派の元老伊藤博文に、「ロシアは朝鮮半島に野心は無く、満州問題については日本との妥協を希望している」との意向を伝えてきた。いわゆる「日露協商」である。イズヴォルスキー公使の発言を信じるなら、日本はロシアとの戦争を回避できる。

しかしイズヴォルスキーのこの発言を、本当に信じてよいのか？

そこが問題だった。

日露の外交交渉で、いつもいえることなのだが、ロシア側発言は信用し難いのである。ロシア外交は言葉に表裏があるからだ。またロシア人は鈍重かつ気長なので、短気・淡白ですぐ黒白をつけたがる日本人とはそもそも話が噛み合わないのである。

もしロシア指導部がすでに朝鮮半島への軍事侵攻を企図していて、「時間稼ぎ」のためにイズヴォルスキーが日本を騙しているのだとしたら、日露協商論は、一時的に、日露戦争を回避させるだけである。

そうなれば日本軍は、ロシア軍が朝鮮半島を占領したのち、対馬海峡か日本本土でロシア軍を迎え撃つという絶望的な戦況となる。

そこに日本指導部の悩みがあった。

だが伊藤博文は、

「日露戦争を一時的に回避するだけで、結局は開戦が避けられないにせよ、開戦時期が先へ延びることにより、日清戦争で疲弊した国力回復の時間的猶予が得られる」

と考えたのだ。

さらに伊藤博文は、当時話題にのぼっていた日英同盟について、

「日英同盟でロシアを牽制するのは危険である。イギリスは自分の都合のみを謀る国であり、日露戦争となったとき、どこまで日本を支援するかわからない」

と発言、日本がイギリスの「精神的支援」だけを受けてロシアと戦うのは危険であると主張した。

若い頃イギリスに留学し、またイギリスを利用して倒幕を果たした長州出身の伊藤博文のイギリス観は的確なものだったといえよう。

クリミア戦争とボーア戦争

話は少し遡るが、英露の最初の衝突は一八五三年（嘉永六年）十月から始まるクリミア戦争

である。前述のロシア極東艦隊司令長官プチャーチン中将が長崎へ来航（一八五三年七月）した三カ月後のことだ。

ロシアは地中海へ進出しようとし、イギリスはインドへの通商路確保を至上命題としたため、英露の交差点であるトルコが対立の舞台となった。最大の激戦地となったのがクリミア半島南端の黒海に面するセヴァストポリ要塞である。ロシア軍が湾口に旧式軍艦七隻を自沈させて英仏艦隊の海上からの攻撃を封じたので、英仏連合軍は要塞背面に上陸して要塞後背部へ進出、セヴァストポリ要塞を孤立させた。この戦闘でイギリス歩兵はフランス歩兵・トルコ歩兵と協同し、防備を固めるロシア軍と激闘を演じた。

連合軍は要塞の手前二百メートルまで塹壕を掘り進め、大砲の援護のもと、一八五五年九月五日から総攻撃を敢行、厖大な犠牲を払って九月十日に要塞を陥落させたのである。

敗れたロシアは、

一、黒海沿岸に軍事施設を置くこと。

二、ロシア軍艦がダーダネルス海峡を通航すること。

を禁止されてロシアの南下政策は挫かれ、地中海進出の夢を阻まれた。ちなみにこのクリミア戦争で負傷兵の看護に献身したナイチンゲールは「クリミアの天使」と呼ばれることになる。

現在、ウクライナ戦争が戦われているが、地中海への海上ルートの確保を至上命題とするロシアの指導部はいまでも、

「アゾフ海・黒海の自由航行権とクリミア半島の領有は国家の生命線である。ウクライナ戦争は、ロシアの命運をかけて、総力を挙げて戦わねばならない」

と考えているのだろう。

その後、普仏戦争（一八七〇年七月～一八七一年五月）でイギリスの盟友フランスが新興国ドイツに敗北する。これはロシアにとってまたとない機会だった。

そこでロシアは、再び地中海進出の夢をかけてダーダネルス海峡の自由航行権を求め、一八七七年四月にトルコに宣戦を布告する。「露土戦争」である。ロシア軍はトルコ軍を容易に撃破し、一八七八年一月に帝都コンスタンティノープル（現イスタンブール）周辺まで侵攻、トルコはたまらず降伏し、三月三日に「サン・ステファノ条約」が成立してダーダネルス海峡はロシアに開放された。これによりロシアはついに地中海進出の足がかりを得たかに見えた。

が、イギリスは、

「サン・ステファノ条約の是非を国際会議で討議すべき」

と難癖をつけ、一八七八年六月、ベルリン会議を開催してロシアのダーダネルス海峡通行の

夢を再び阻むのである。

イギリスが植民地獲得に最も貪欲な国であったことは、言を俟たない。そのイギリスの植民地獲得の最大イベントの一つが、南アフリカ征服である。

アフリカ南端のケープ地方は古くからオランダの植民地で、十七世紀頃からオランダ人が移住し、彼らは大地主になってボーア人と呼ばれ、オレンジ自由国・トランスヴァール共和国を建国した。ところが一八八六年、ここでダイヤモンドと金の富鉱が発見されると、帝国主義的野心を秘めていたイギリスのケープ植民地首相セシルローズは、イギリス本国植民相チェンバレンの支持を得てオレンジ自由国・トランスヴァール共和国を圧迫、義和団事変一年前の一八九九年十月、ボーア戦争を仕掛ける。セシルローズは開戦の理由について、

「イギリス人は世界第一等の人種であり、イギリス人の住む世界が拡がるほど、人類にとって幸福である。神は、アフリカができるだけ多く英領となるよう、欲し賜うだろう」

と、ぬけぬけと述べている。

このイギリスの侵略に対してボーア人はゲリラ戦で対抗し、勇敢に戦った。

しかし義和団事変が鎮圧された一九〇〇年九月にはイギリスの勝利が決定的となり、イギリスはオレンジ自由国・トランスヴァール共和国の併合を宣言した。イギリスはダイヤモンドと

金に目がくらみ、南アフリカ征服に血道をあげたのである。

一方でイギリスには、大豆とコーリャンの地、満州に自国兵を派遣する気などさらさらなかった。確かに南アフリカのダイヤモンド・金と比べれば、満州の大豆・コーリャンは見劣りがする。実際イギリスは義和団事変のときも、北京解放のためにインド兵を中心に六千人を送っただけであった。

日英同盟成立

この頃、日本では伊藤博文の「日露協商論」に対し、にわかに「日英同盟論」が台頭してきた。

当初は空理空論と見られた日英同盟だったが、駐英公使林董《ただす》が一九〇一年四月十七日にイギリス外相ランスダウンに日英同盟を打診すると、ランスダウン外相は強い興味を示し、イギリス駐日公使マクドナルドを一時帰国させ協議、七月十五日、林董公使に日英同盟推進を約束した。なお林董は五稜郭で政府軍と戦った幕臣であったが、並外れた語学力が買われ、駐英公使に任じられた変わり種である。

北京では義和団事変一年後の一九〇一年（明治三十四年）九月七日、「義和団事変最終議定

書」が結ばれ、

一、端郡王など義和団事変責任者の処罰。
二、賠償金四億五千万両《テール》。
三、公使館区域に各国軍隊の駐留。
四、北京と天津に各国軍隊が駐留。

などが取り決められた。各国軍隊の北京引揚日は一九〇一年九月十七日と決まり、各国軍隊は予定どおり北京から引き揚げ、義和団事変に終止符が打たれた。

義和団事変最終議定書調印から十四日後の九月二十一日、日英同盟推進派の小村寿太郎が外相に就任した。小村が十月八日、林董公使に日英同盟交渉の権限を与えると、イギリスは十一月六日、早くも日英同盟草案を手交する。イギリスは日露協商の成立を嫌い、超スピードで対応したのである。

日英同盟を推進した小村寿太郎外相は日英同盟の趣旨を、

「余はロシアの度重なる不誠実な行動に不信感を抱く。ロシアは、満州を占領したのち、次に朝鮮を侵略するだろう。日露協商は一時的な妥協に過ぎない。日英同盟締結こそ焦眉の急である」

と述べた。

片や伊藤博文は、日露協商を推進する立場から、九月十八日に横浜を出帆、ニューヨーク・パリ経由でロシアに向かった。

パリに到着した伊藤は十一月十三日、桂太郎首相からの電報で日英同盟交渉を知り、その進展ぶりに驚きロシアへ急行した。十二月二日、ロシア外相ラムスドルフと会談すると、ラムスドルフは伊藤の申し出を、おおむねの線で了承した。

こうして日露協商は成立するかに見えた。だがロシアの回答は内容的に曖昧さを残していた。短気・淡白で性急な日本人にとって、曖昧な回答はないも同然である。

結局日本は明治三十四年十二月七日の元老会議で日英同盟を選択、年が明けた明治三十五年一月三十日、日英同盟は調印される。その骨子は、
一、日露が戦争になっても、イギリスは日本を軍事支援する義務を負わない。
二、第三国（フランスのこと）がロシア側に立って参戦したときのみ、イギリスは日本を軍事支援する義務を負う。

である。

ロシアが、「宿敵イギリスを凌駕して世界一の帝国になるため、日露友好を確立してシベリア鉄道の東端を日本とする国際物流革命を企図したポシェット構想」を忘れたのに反して、イギリスだけが大勢を見抜き、日露協商の裏をかいたのである。

つまるところ頭の良い国が世界を支配する、ということなのか？

第四章　開戦への道

ロシアが韓国の馬山浦を軍港として租借要求

李氏朝鮮は、日清戦争が日本の勝利となって終わり、一八九五年（明治二十八年）四月十七日に下関条約が締結されると、晴れて「独立国」となり、千数百年に及ぶ中国の「属国」の立場から脱却した。ところが六日後の三国干渉で日本がロシア・ドイツ・フランスの軍事力に屈服すると、三国干渉で威信を示したロシアに接近する。

朝鮮国王高宗は一八九六年二月十一日、ロシア兵に護衛されてロシア公使館に入り親露政権を樹立、以後一年間、ロシア公使館に居住して政務を執る。国王は一八九六年八月にロシアに鴨緑江流域の森林伐採権を与え、同年十月にはロシアから軍事教官プチャータ大佐らを受け入れ、一八九七年二月に王宮に戻ると国名を「大韓帝国」と改め、同年十月にロシア人財務顧問団を招聘した。こうして「大韓帝国」は自らロシアの影響下に入ったのである。

そもそも日本の対朝鮮政策は、

「朝鮮に内政改革を行なわせ、独立させる。ロシアの介入は認めない」

というものだった。そのための日清戦争でもあったのである。

それなのに三国干渉で日本がロシアの軍事力に屈服して日本の威信が低下すると、朝鮮は日本を侮蔑し、進んでロシアの支配下に入るという道を選んでしまった……。

するとロシアは一九〇〇年四月十五日、軍艦「マンチュリア号」を朝鮮半島南端の馬山浦《まさんぽ》へ派遣して韓国政府に馬山浦の租借を要求した。

幸いにも日本の強い反発によって韓国政府はこれを認めなかったが、この事件は日本陸軍を強く刺激することとなる。

ロシアが不凍港を求めて南下することを最も懸念したのが、山県有朋である。

山県は以前からロシアの南下に強い危機感を抱いており、明治二十一年（一八八八年）の軍事意見書では、

「ロシアは、シベリア鉄道の工事が進めば、冬季に利用可能な良港を求めるはずで、朝鮮半島を侵略するだろう」

と予言。さらに明治二十三年三月には「外交政略論」を発表、

「数年後にシベリア鉄道が完成した暁に、朝鮮半島は危難に陥り、東洋に一大変動が起きる。朝鮮の独立が失われれば、日本の対馬は頭上に刃を受ける情勢になる」

と述べて危機感をあらわにした。

そして山県は明治三十二年十月の対韓政策意見書において、

「ロシアは、旅順・大連を占領せし以来、朝鮮半島南端に軍艦碇泊所を占領することを第一の

政略にしている。ロシアが、馬山浦などを軍艦碇泊所に借用せんと朝鮮政府を脅迫する場合は、日本の存亡・興廃に係る重要問題として、日露開戦やむなし」

と決意するに至るのである。

満韓交換論の登場

ロシアの馬山浦租借要求の翌月、一九〇〇年（明治三十三年）五月に義和団事変が発生、同年十月、ロシア陸軍は全満州を占領する。そして年が明けた明治三十四年一月七日、ロシア駐日公使イズヴォルスキーは加藤高明外相に、

「韓国を列国の共同保障のもと中立化させよう」

と提議した。ロシアが韓国の中立化を保障し、韓国に軍事侵攻しないなら、日本に何の不満もない。その意味でイズヴォルスキー公使は、対日融和を提案したつもりだったのかもしれない。しかし日本では、ロシアへの不信感が募っている。日本からすれば、

「軍艦『マンチュリア号』の馬山浦租借要求は、一体、何だ！」

ということである。

一月十七日、加藤外相はこの韓国中立化の提議を、

「ロシア軍の満州撤兵が先決である」

ときっぱり拒否した。これに対してイズヴォルスキー公使は、

「満州撤兵と、韓国中立化は、別個の問題ではないか」

と反論した。確かに、満州撤兵問題は露清両国の二国間問題で、日本が口を挟む筋合いのものではない。

しかし外交は理屈どおりには行かない。満州に駐留するロシア陸軍を恐れる日本は、強国ロシアに弱音を吐けば足許を見られるので、虚勢を張って強く出たのだ。加藤外相は、

「満州撤兵問題と韓国中立化問題は、分離できない」

と突っぱね、加えて、加藤高明個人の意見、としたうえで、

「中立保障の範囲を満州まで及ぼすか、日露の勢力を満州と韓国に分割するなら、話は別である」

と付言した。これは日本外務省の本音である。正確にいうと、「中立保障の範囲を満州まで及ぼす」が第一希望で、「日露の勢力を満州と韓国に分割する満韓交換論」は第二希望である。

だがイズヴォルスキー公使は何も答えなかった。いや、答えようもなかったのだろう。そもそも彼は満州問題について、権限を持っていなかったのだ。

実は六日前の一月十一日、駐清公使小村寿太郎が加藤外相に、次のように意見具申していた。

「ロシアの提議は満州における行動の自由を望むに基因すること、明確である。ロシアが満州中立化に同意せざる限り、『日本は韓国に、ロシアは満州に、勢力範囲を分割』するよう主張するしかない」

これが「満韓交換論」の発端である。小村公使は、

「ロシアの韓国中立化の提議は、満州支配確立までの時間稼ぎに過ぎない。ロシアは満州支配確立ののち、満州を兵站として、韓国に軍事侵攻するだろう」

との強い不信感を抱いていたのである

ロシアは、加藤外相の回答を不服とした。

ロシアにしてみればあくまで、「満州撤兵問題は露清の二国間問題であり日本が口を出す筋合いでない」ということなのだ。イズヴォルスキー公使も、「小国日本は、満州の利権に、分不相応な要求をしている」と考えたらしい。

しかし日本は、

「ロシアはやがて韓国に軍事侵攻して、そののち韓国を兵站として日本に攻め込むだろう」

と怯えているのだ。だからといって日本としては、

「我が日本国は、貴国ロシアの満州駐留軍に怯えているのであります。恐いんです」

とは口が裂けてもいえない。

結局、日露間の誤解は最後まで解けず、日露交渉はやがて暗礁に乗り上げる。

日露戦争の引き金

義和団事変後に満州に居座ったロシア軍が撤兵すれば、日本の不安は解消するのである。ところが満州駐留ロシア軍の撤兵問題は、その後も進展は見られなかった。

すでに見た義和団事変最終議定書（一九〇一年九月）により、各国軍隊が北京から引き揚げると、同年十月五日からロシア駐清公使レッサーと李鴻章の間で、「ロシア軍の満州撤兵問題」に関する秘密交渉が開始された。こののち十一月七日に李鴻章が病死したため、十二月二十二日以降、交渉はレッサー公使と慶親王の間で継続した。

年が明けて一九〇二年（明治三十五年）一月三十日に日英同盟が締結されると、ロシアは清国への圧力を弱めたので、露清の妥協が成立、一九〇二年四月八日、露清条約が調印された。その内容は、満州駐留ロシア軍は、

一、一九〇二年十月八日までに、盛京省西南部から撤兵。

二、一九〇三年四月八日までに、盛京省の残部および吉林省から撤兵。

三、一九〇三年十月八日までに、黒龍江省から撤兵。

である。これで満州は、日本の「対ロシア強硬外交」と「日英同盟」により清国へ返還される運びとなったのだが……。

慶親王はロシア軍満州撤兵を深く喜び、四月十五日、清国駐在公使内田康哉を訪れ、「終始、協助の力に頼り、効を奏するに至るは、深く感謝するところなり」と、日本政府の支援に厚く礼を述べた。

第一期撤兵は、一九〇二年十月八日、約束どおり実施された。

しかし、第二期以降の撤兵は、実行されなかったのである。

ロシア陸軍の満州撤兵が進まないなか、ロシア陸軍は突然、満韓国境を越えて龍岩浦《りゅうがんぽ》に兵を進めた。

この「龍岩浦事件」こそが、日露全面衝突の引き金となる。

一九〇三年五月六日、ロシア陸軍マトリトフ中佐が指揮するロシア兵六十人が龍岩浦に入って土地を買収し、「森林開発事業のため」と称して清国人人夫を率いて兵舎建築など大規模工事に着手したのだ。

すでに見たとおり、朝鮮国王高宗が一八九六年にロシアに鴨緑江流域の森林伐採権を与えていたので、皇帝ニコライ二世に取り入った元近衛騎兵大尉で国務顧問のベゾブラゾフがこの森林伐採権に目を付け、宮廷内で「事業は有望」と宣伝してニコライ二世にも出資させると、満州のロシア軍人たちは軍服を脱いで積極的に森林会社に就職した。ロシア人は森林が大好きだ。だから皇帝陛下も森林事業に出資したのである。

一方、イギリスはダイヤモンド・金が大好きだ。

どの国民が何を好んでも趣味嗜好の問題で、周囲がとやかくいうのも野暮だが、イギリス人が好むダイヤモンド・金と、ロシア人が好む森林とでは、だいぶ違う。

さらに五月十五日、

「ロシア陸軍は龍岩浦の後背地である鳳凰城に進駐を済ませ、鴨緑江流域の満州・韓国の国境の要所に兵隊を配置している」

ことが判明した。日本人は森林事業を高付加価値事業と思わないから、

「ロシア陸軍が龍岩浦進出の目的を、森林開発事業というのは日本を欺く偽計で、本当は韓国への軍事侵攻の前兆」

と判断した。韓国駐在公使林権助は「日本軍を鴨緑江で食い止めるための防衛線」と推測、外務省きっての対露強硬派である外務省政務局長山座円次郎は「対日戦争のための橋頭堡作り」

と断言した。

偽りのデュカット中佐報告書

マトリトフ中佐の龍岩浦進出は、日本陸軍を強く刺激した。

龍岩浦事件の第一報が入って三日後の明治三十六年（一九〇三年）五月九日、陸軍参謀本部次長田村怡与造少将は参謀本部総務部長井口省吾《しょうご》少将を呼び、

「目下の情況、捨て置き難きにより、各部長を会し、至急、準備すべき事項を調査」

するよう命じた。井口少将は第一部長松川敏胤大佐と協同して意見書を作成し、

「ロシアは満州占領を企てんとする所以にて、今後、韓国をロシア勢力下に置かれれば、日本の国防また安全ならざるべし」

と結論、大山巖《いわお》参謀総長に回付した。

陸軍から井口省吾総務部長と松川敏胤第一部長、海軍から富岡定恭《さだやす》軍令部第一局長、外務省から山座円次郎政務局長が出席した五月二十九日の陸海軍・外務省の合同会議では、

「戦闘を賭して、ロシアの横暴を抑制せざれば、我が国の前途に憂うべきものあり」

との意見が大勢を占め、「戦争に訴えてでもロシアの南下を阻止すべき」との意思統一が図ら

れた。

主戦論の中心となった井口少将や松川大佐らは、

「ロシアが朝鮮半島を占領して兵站とし日本へ攻め込む計画なら、日本は先手を打って朝鮮半島を占領し、朝鮮半島を兵站として満州のロシア軍に決戦を挑み、ロシア軍を満州から追い出す以外に、日本の独立を保持する策はない」

と考えたのだ。日露開戦八カ月前のことである。

こうしたなか、六月三日、清国の日本公使館から衝撃的なニュースが飛び込んでくる。清国駐在公使内田康哉が、奉天・遼陽・営口などを視察したイギリス公使館付武官デュカット中佐の報告書を入手し、日本外務省へ送付してきたのだ。それには、

一、ロシアは満州永久占領のあらゆる手段をとり、軍事対立の相手は日本と考えている。
二、ロシアは物資の貯蔵と配兵を急いでいる。これは日本に交戦を強要する意図である。
三、ロシアは石炭二十五万トンを発注した。これは戦時発注である。

としたうえで、

「ロシアは、ロシア軍の移動が容易で日本軍の上陸が困難な時期、すなわちいまから六〜七カ月後の本年末か来年（一九〇四年）初頭に、対日開戦を企図していると確信する」

と書かれていたのである。

しかし、これはまったくのガセネタであった。

この時期、ロシアが対日戦争などまったく考えていなかったことは、はっきりしている。イギリス人は国際社会に船出したウブな日本人を、こうして脅かして不安感・危機感を昂ぶらせ、戦争に駆り立てようとしたのだろう。デュカット中佐報告書が、開戦派の山座円次郎政務局長を刺激したことはいうまでもない。そして結局日本は、デュカット中佐の暗示に導かれるかのように、八カ月後の明治三十七年二月、ロシアに対して宣戦を布告してしまうのである。

こうしてみるとイギリスこそ日本軍国主義の母、といえるかもしれない。

日本陸軍主戦派の台頭

明治三十六年（一九〇三年）六月八日、大山巖参謀総長と田村怡与造参謀次長が出席して開かれた陸軍参謀本部の部長会議の席上、井口省吾少将が、

「ロシアに対して強硬な外交交渉を行ない、日本の要求に従わないなら、一大決戦を試みる」

とロシアへの開戦を主張した。井口少将が展開した論旨は、

「朝鮮半島がロシアの勢力圏に帰すと、日本は制海権を奪われ、対馬・北海道がロシアに占領される。日本の独立を守るには、ロシアを満州から追い出す必要がある。開戦時期は、シベリア鉄道・東清鉄道が単線で、ロシア東洋艦隊が拡張途中のいまこそが、最後のチャンス」

というものである。

ハルビンと旅順を結ぶ南満州支線（単線）が営業を開始するのは同年七月であるが、

「単線なら、極東に送り込まれる兵員数が制限される」

と判断したのだ。

「いま開戦しなければ手遅れとなり、もはや、ロシアと戦うことはできなくなる」

との焦燥感が主戦派を昂ぶらせ、他の部長たちも井口の強硬論に同調した。

ところが、最後に意見を求められた大山参謀総長は、

「オロシャ（ロシア）な、大国でごわんど」

といい残して、さっさと退席してしまった。

井口が、

「総長は我々を子供扱いするというのかッ」

と憤慨すると、第四部長の大島健一大佐が、

「まあまあ、総長は何か、心に期すものがあるはずだ」

といって井口をなだめたという。

ロシアの逡巡

当時、ロシアでも、満州問題についてさまざまな意見が出されていた。

この頃、「清国人が満州へ大挙して移住してくる。義和団事変が再発して東清鉄道が再び破壊される」という噂が広く流れ、満州のロシア人を怯えさせていた。

東清鉄道はロシアがフランスから多額の借金をして建設した鉄道である。鉄道施設が破壊されれば運行収益による借金返済が不可能となり、借金大国ロシアは破産してしまう。それなのに清国は、東清鉄道保全の約束に応じない。否、応ずる力がないのだ。

清国総督将軍の威力は城郭の周辺までで、荒野を走る鉄道を警備するなどどだい無理な話だった、ということは前に述べた。

ロシアでは、

「ロシア軍が撤兵したら清国軍によってロシア人の資産は略奪される」

とか、

「ロシア軍が撤兵したら清国やイギリスに鉄道を奪われる」

などといった不安が渦巻いていた。

これに対してラムスドルフ外相、ウイッテ蔵相、クロパトキン陸相は「満州撤兵論」を唱えた。とくにラムスドルフ外相は、第二期撤兵期日の四月八日に行なわれた閣議の席上、

「条約は履行されなければならない。露清条約どおり、第二期撤兵を実施すべき」

と力説した。ウイッテ蔵相も、

「獲得した利権を完成するのが先決である。満州撤兵を実施して日本と協調すべきである」

とラムスドルフ外相に同調した。さらにクロパトキン陸相も、

「ドイツ陸軍と対峙する西部国境が重要であり、満州に大兵力を割くことに反対する。満州におけるロシア勢力圏は北満州だけでよい。南満州は放棄すべき」

との立場から「満州撤兵論」を支持した。

彼らの意見が採択され、満州のロシア軍が撤兵していたなら、日露戦争は避けられたはずである。

ところが、そうはならなかった。この閣議の席上、強硬派の内相プレーヴェが、

「ロシアは外交でなく、銃剣によって成立している。満州問題は武力によって解決すべき」

と反駁したため閣議は紛糾。結局、ロシア軍の第二期撤兵は「無期延期」となったのである。

四月十八日にはラムスドルフ外相が、ニコライ二世が臨席した最高会議の席上、「満州撤兵を中止すれば、日本との戦争を招く」と唱え、ウイッテ蔵相とクロパトキン陸相も同調したが、却下される。ニコライ二世が国務顧問ベゾブラゾフらの「対日強硬論」を採用したからである。

こうして満州駐留ロシア軍の第二期撤兵が中止となると、日本陸軍はいよいよ危機感を昂ぶらせ、日露両国は外交不全に陥ってしまう。

クロパトキン来日

ところが、ロシア陸軍の最高責任者クロパトキン陸相が突如、来日する。ちなみにクロパトキンはロシア参謀本部付属ニコラエフスク・アカデミーを首席で卒業した秀才であり、一八七七年の露土戦争などで活躍した実戦経歴を伴う優れた軍人であった。

彼は、ニコライ二世が対日強硬派の国務顧問ベゾブラゾフを重用し始めると、自分の目で日本の実情を確かめるべく、一九〇三年四月二十八日、特別列車でペテルブルクを出発、ウラジオストクに着き、六月八日に巡洋艦で日本へ向かった。この六月八日は、日本では、陸軍参謀本部の部長会議で井口省吾少将が日露開戦を主張した日である。

下関に入港したクロパトキンは六月十二日、列車で新橋駅に到着、ただちに桂太郎首相と会見した。クロパトキンは、

「自分は南満州支線の敷設に反対だった。シベリア鉄道の経費は十三億ルーブルに達し、利子の支払いに苦労している。日露交渉ではシベリア鉄道・東清鉄道を特別扱いして欲しい」

と率直に、ロシア政府と自分の立場を述べた。これに対して桂太郎首相は、

「鉄道敷設に反対といいながら鉄道を敷設し、鉄道の是認を要求するのは利己主義だ」

とクリパトキンをなじった。

クロパトキンは六月十四日の小村寿太郎外相との会見でもシベリア鉄道・東清鉄道への配慮を求めるとともに、「満州撤兵については目下検討中」と語ったが、小村から「ロシア軍の満州永久占領は韓国への侵迫となるので認められない」と反論された。

クロパトキンはこれらの会談を通じて、日本側の厳しい姿勢を感じたようである。

その後、彼は近衛師団・東京第一師団・砲兵連隊の訓練を視察し、陸軍士官学校・砲兵工廠《こうしょう》などを見学。六月十六日に東京を発って列車で神戸に着き、瀬戸内海で釣りに興じ、六月二十八日、長崎から旅順へ向かった。そして日本を去る日の日記に、次のように書いた。

「ロシアにとって兵力・資金を集中すべき最優先地域は、

第一に、ドイツと国境を接する西部戦線であり、

第二に、国内治安であり、
第三に、コーカサス・トルキスタンであり、
第四に、沿海州・黒竜江であり、
第五に、満州であり、
第六が、韓国である。
韓国や満州はロシアの国力に余裕があるときに関心を向ける対象である。ベゾブラゾフの韓国進出策は最も優先度の低い地域に精力を傾注するもので、ロシアの転倒は必然」
クロパトキンは鋭敏な洞察力で、ロシア国策の本質を見抜いたのである。
旅順に到着したクロパトキン陸相は宮廷顧問官ベゾブラゾフ（五月十九日に国務顧問から昇任）、関東州長官アレキセーエフ中将、駐清公使レッサー、駐韓公使パヴロフを集め、七月二日から十一日まで「旅順会議」を主催した。この会議はニコライ二世の、
「極東における森林事業が日露開戦に至らぬようにせよ」
との意向に基づくものである。席上、クロパトキンは、
「満州駐留ロシア軍を、ドイツ陸軍と対峙する西部国境へ戻す」
との持論を軸に、
「鴨緑江流域におけるロシア軍の行動は、『朝鮮半島占領が目的』と日本を恐れさせ、対日関係

悪化の原因になっている。龍岩浦での森林事業の事業主体である『東亜木材会社』に関係する全将校は引き揚げるよう」

命じ、マトリトフ中佐を辞職させた。さらにクロパトキンは東亜木材会社を民営化させるため、鳳凰城へ進駐したロシア陸軍の撤兵と、龍岩浦に集積した武器の撤収も命じた。

命令を受けた関東州長官アレキセーエフ中将は命令の即時実行を約束し、

「本職は心から日本との和平を望むものであります」

と神妙に述べた。クロパトキンは会議の結果に満足し、

「予は、日本との破裂を避け得ると確信」(『クロパトキン陸相回顧録』)

して、七月十三日、旅順を離れ帰国の途に着いた。

クロパトキンは帰国すると、一九〇三年八月六日、ニコライ二世に極東視察報告書を提出し、日露戦争が現実化しつつある危機を強調して、

「ベゾブラゾフの韓国での野心的行動を中止しなければ、日本との決裂を避け得ない」

と力説。また東亜木材会社を外国へ売却するよう進言した。

一方、宮廷顧問官ベゾブラゾフも八月十日、ニコライ二世に建白書を提出し、

「日露関係悪化の原因は、日本が日英同盟を背景に『イギリスの軍事支援を得ればロシアを満

州から追い出せる』と思い上がっているためである。日本が増長するのはロシアが力を誇示しないからだ。関東州長官を極東総督に昇格させ、権限を与えて満州経営を促進すべき」

と上申した。

実は、クロパトキンとベゾブラゾフの見解が分かれた原因は、日本軍の戦力についての認識の相違によるものであった。

クロパトキンの日本陸軍に対する評価は、

「日本陸軍は強力である。開戦後しばらく、ロシア軍は防戦に徹するしかない。日本陸軍が遼陽・奉天まで進出すれば我が軍は南満州を守ることはできず、旅順が孤立することもあり得る」

というものだった。クロパトキンの戦略眼は的確だった、といえる。

片やベゾブラゾフは、日本陸軍の戦力を過小評価し、

「イギリスが日本を直接軍事支援しない限り、日本が単独でロシアに開戦することはあり得ない」

と読んでいた。

彼は、駐日ロシア武官から送られてきた、

「日本陸軍はヨーロッパの最も弱い国の陸軍と対等に戦えるまで数十年から百年かかる」

との報告を真に受けていたらしい。ベゾブラゾフの意見は極東ロシア軍上層部に支持され、彼

らは、

「対馬海峡の制海権はロシア艦隊が支配する。日本陸軍は朝鮮半島南部へ、かろうじて上陸し得るに過ぎない。日本陸軍が朝鮮半島沿岸の陸路を北上しても、朝鮮の道路は悪路が多く、行軍ははかどらない。ロシア軍は時間的余裕をもって大部隊を動員し、日本陸軍を鴨緑江河岸で撃退し得る」

と考えていたのだ。

もっとも、朝鮮の道路が悪路であることは日本軍も認めていた。

『日清戦史』（参謀本部編）は、

「朝鮮半島は山地多く、交通便ならず。道路はおおむね徒歩路にて、大街道も、山地に至れば幅員たちまち狭縮して三、四十センチとなり、駄馬を通すに過ぎず。河川に橋梁なし」

としている。

またロシア軍の『北朝鮮軍事要覧』（コルフ少佐・ズヴェギンツォフ大尉共著）も、

「朝鮮の道路は放置されている。峠の上り下りは急で、道は狭隘。橋は存在しない。いたるところにある早瀬。路面に突き出た岩。一面の砂利道。これが朝鮮の道路である。朝鮮と満州の間に長白山脈がそびえ、日本陸軍の国境通過地点は鴨緑江河口に限られる」

と指摘した。ロシアの着眼もさすがに鋭い。そこでロシア陸軍は、

「鴨緑江河岸の九連城や、後方の鳳凰城に、堅固な要塞を築いて待ち受け、悪路を北上して来る日本陸軍を鴨緑江河岸で捕捉・殲滅する。満州には指一本触れさせない」

との戦術を立てる。宮廷顧問官ベゾブラゾフが、

「イギリスの軍事支援なしに、日本が単独でロシアへ開戦するはずがない」

と考えたのも、むべなるかな、というべきか。

ニコライ二世は、ベゾブラゾフの対日強硬論を支持した。ベゾブラゾフの戦略認識は、ロシア陸軍多数派の見方であり、ベゾブラゾフの対日強硬論は「力の誇示」を原則とするロシア外交の伝統に沿っていたからである。

ロシア極東総督府

ニコライ二世はベゾブラゾフの建白書を採用して、一九〇三年八月十二日に「極東総督府」を設置する。日露和平を唱えたクロパトキンはベゾブラゾフとの政争に敗れて長期休暇を命ぜられ、ロシア政界を去った。失脚したのだ（開戦後復帰）。

極東総督府はロシア皇帝に直属し、バイカル以東の黒竜江・沿海州・東清鉄道地帯など満州全域を所管し、満州における軍事・行政・外交すべてを掌握。極東総督には関東州長官アレキ

セーエフ中将が、大将へ昇進のうえ就任した。こうしてベゾブラゾフは、満州において、ロシア皇帝に直属する機関を作り上げたのである。

満州における軍事・行政・外交の全権を管掌する極東総督府は、のちの「関東軍」といった感じである。この頃から、一地方に過ぎなかった満州は、一つの独立国としての相貌を見せ始める。

こうして対日外交権は極東総督アレキセーエフ大将に委嘱され、駐日公使ローゼンは極東総督の下に置かれ、ラムスドルフ外相は対日外交権を剝奪され、失脚した。

この動きについて駐露公使栗野慎一郎はロシア政府に対し、

「外交は互いの外務省が取り扱うはずなのに、対日外交を『極東総督』なる法的に曖昧な職制に委ねたのは理解に苦しむ。日本がラムスドルフ外相と交渉しようとすると『自分には権限はない』と逃げられ、アレキセーエフ極東総督と交渉しようとすると『皇帝の指示がないので回答できない』と、たらい回しされる」

と苦情を述べている。

極東総督府設置のニュースが八月十七日に日本に伝わると、ロシアが強硬論に傾斜していることを肌で感じていた日本国民は、

「極東総督府はロシアの満州永久占領の表意であり、対日戦争の決意表明である」

と受け止める。日本海軍は全艦隊に警報を発して水雷艇四隻を津軽海峡へ派遣した。

ロシアでは八月二十九日、対日協調に舵を切った蔵相ウイッテが解任される。

陸相クロパトキン、外相ラムスドルフに続き蔵相ウイッテが失脚し、対日協調を模索していた主要三閣僚が遠ざけられると、日露は一段と危険な関係に陥っていく。

日露交渉決裂

日露交渉はさらに続けられるが、妥結を見ることなく、ついに開戦に至る。

極東総督府発足というのうねりのなかで、「ロシアに勝てるのはいまだけ」との焦燥感が、国民の間にも広がっていた。

明治三十六年六月二十四日、東京帝国大学教授富井政章《まさあきら》・戸水寛人《とみずひろんど》・寺尾亨・高橋作衛・中村進午・金井延《のぶる》・小野塚喜平次の七博士が、東京朝日新聞に対露開戦論を発表すると、「ロシア討つべし」との開戦熱が一気に高まる。

各新聞は声を揃えて「開戦は不可避！　日本政府は軟弱・無為！」と桂内閣を非難、三国干渉で生じた「臥薪嘗胆」のスローガンはいつの間にか忘れ去られ、世論は「開戦やむなし」の一色に染まった。

こうした雰囲気のなかで最後の日露交渉が行なわれる。

日本にとって断じて譲れない一線、それが朝鮮半島問題だった。

我が国は長い海岸線を有し、海岸の多くは敵が上陸しやすい海浜である。このため本土での決戦は戦術的に極めて難しい。さらに日本の国土は陸地が狭隘なため、機動的な部隊運用も、縦深陣地の構築もできず、敵が本土に上陸したあとでの迎撃は不可能といってよい。

従って国土防衛は、洋上で敵艦隊を撃滅するか、大陸か半島の一部を占領して兵站を置き、大陸内部の広大な平原で敵野戦軍と決戦を行なうほかない。つまり日本陸軍がロシア陸軍を破るには、朝鮮半島を兵站として満州の広域戦場で戦う以外に戦術が成り立たないのである。

こうした日本の地形の弱点について、参謀総長大山巌元帥は明治三十六年六月、

「日本の形状蜿蜒《えんえん》と南北に延長せるをもって守備を要する地点甚だ多く、国防に不利なり。幸いとするは、西に朝鮮海峡あり。東西の航路を扼し、国防の鎖鑰《さやく》をなす。もし露国をして朝鮮を領せしめんか、あたかも日本の脇肋《きょうろく》に二、三時間の渡航を要するのみ」

と意見書に記した。朝鮮半島は日本の脇腹に突きつけられた刃だ、というのである。

最後の日露交渉は、厳しいものとなる。

小村寿太郎外相はラムスドルフ外相との直接交渉を望み、明治三十六年（一九〇三年）八月

三日、日本側草案を駐露公使栗野慎一郎へ送り、ラムスドルフ外相は八月十二日に受領する。その内容は、日露両国が満韓国境を挟んで軍事バランスを保つ「満韓交換論」であり、「ロシアの満州における鉄道経営に特殊権益を認め、鉄道守備に必要なロシア軍二万人の満州駐留を容認する。残りのロシア軍は満州・韓国から撤兵する。同時に日本の韓国における優勢な権益を認め、日本は韓国への『有事の際の出兵権』など軍事援助権を保持する」

というものだった。

しかしすでに見たようにラムスドルフ外相はこの八月十二日に対日外交権を剝奪されて失脚し、対日外交権はアレキセーエフ極東総督とローゼン駐日公使に委譲されていた。

アレキセーエフ極東総督は九月二十八日、ニコライ二世宛に書簡を送り、「日本に『ロシアが武力で満州の権益を守ることは当然である』ことを理解させるべき」と上申した。これに基づきローゼン駐日公使は十月三日、小村寿太郎外相に、「ロシア側回答」として、

第一に、満州問題は露清両国の二国間問題であり、日本の利益の範囲外である。

第二に、韓国領内の北緯三十九度（現在の三十八度線の約百キロ北）以北を、日露両国が兵を入れない中立地帯とする。

第三に、日本の韓国に対する軍事的関与は、「有事の際の出兵権」を含め一切拒否する。

を骨子とする文書を手交した。この「ロシア側回答」の第三項は日本にとって受け入れ難いものである。現実問題としてロシアが満州に大軍を駐兵している以上、日本が朝鮮半島への「有事の際の出兵権」を保持しなければ、ロシア軍が朝鮮半島を怒涛の侵攻で軍事占領した場合、日本は国防上の死命を制せられてしまうからである。

小村外相は十月三十日、ローゼン駐日公使に「日本側修正案」を手渡し、

第一に、満州問題は露清二国間問題で日本の利益の範囲外である、ことを認め、

第二に、中立地帯は満韓国境の両側に五十キロメートルの幅で設定、と提示し、

第三に、日本の韓国に対する『有事の際の出兵権』を含む軍事援助権は保持する。

と提案した。これは最大限譲歩した「満韓交換論の最終版」である。満州駐留ロシア軍が撤兵しない以上、中立地帯を満韓国境に設定し、日本は韓国への「有事の際の出兵権」を留保することにより、満州駐留ロシア軍に対抗しよう、としたのである。

ローゼン公使はこれを重く受け止め、

「『日本側修正案』は訓令外の事項を含むので、本国政府に請訓の必要がある」

と回答した。

このとき、ただ一人、日露開戦を危惧する失脚中のクロパトキンが、一九〇三年十一月、ニコライ二世に、

「旅順・大連や南満州支線を清国に返還し、南満州から全面撤兵して、日本と妥協する」

という画期的な解決案を上表した。

実はニコライ二世もこの頃、

「韓国はあまりに貧しく経済的魅力が乏しいので、満韓交換論を受諾してよい。しかし、『ロシアが屈した』と日本を付け上がらせぬよう、日本を軍事的に威嚇して、戦意喪失させたうえで、妥協すべき」(『一九〇三年六月二十四日付勅令』)

と考えていたのだ。ニコライ二世はクロパトキンの上表文を読み、「日本が主張する満韓交換論の受諾」に傾いたが、この意向はロシアの交渉担当者には伝わらなかった。単なる宮廷側の連絡ミスなのか、政府の誰かが途中で故意に遮断したのかは、いまもって定かでない。

それから四十余日後の十二月十一日、ロシア側から「修正回答」が提出された。その内容は、

第一に、満州問題が日本の利益の範囲外なのは当然である。

第二に、中立地帯は、前回の「韓国領内の北緯三十九度以北」のままとする。

第三に、日本の韓国に対する軍事的関与は『有事の際の出兵権』を含め一切拒否する。


という、まったく進展のないものだった。

最大限の譲歩案として提出した「日本側修正案」を蹴られて失望した日本政府は、この「ロシア側修正回答」を最後通牒とみなした。

陸軍参謀本部は「開戦は不可避」との判断を固め、十二月十六日の元老・閣僚会議は、「ロシアに再考を促してみても、ロシアは一切、妥協しないだろう」との判断を下す。この「ロシア側修正回答」が日露戦争の発火点となるのである。

外交交渉がいよいよ行き詰まると、明治三十六年十二月三十日、陸軍参謀本部・海軍軍令部の合同首脳会議は、

「日本海軍は旅順艦隊を急襲して対馬海峡の制海権を確保する。その後、陸軍の臨時派遣隊が出発する」


ことを決定した。

御前会議

　このように日露が軍事的緊張を深めるなか、明治三十七年二月三日午後四時二十六分、芝罘《チーフー》（現煙台）駐在領事水野幸吉から、

「旅順のロシア艦隊は、修繕中の一隻を残して、全艦出港す」

　との電報が入った。日本陸海軍は大きな衝撃を受け、

「ロシア艦隊は日本海軍への先制奇襲攻撃のため、佐世保へ向け出撃したのではないか」

　との危機感を強め、陸軍は佐世保・長崎・下関・舞鶴・函館の各要塞に警報を発令し、海軍はロシア艦隊の奇襲攻撃に対処するため、佐世保・舞鶴・函館・大湊・東京湾口に防御用の機雷を敷設させた。

　ところが、このロシア旅順艦隊の出港は、通常の夜間航海訓練のためだったのだ。二月四日午前五時、ロシア旅順艦隊は夜間航海訓練を終えて旅順に隣接する大連湾に入った。

　だが日本は、「ロシア旅順艦隊が夜間訓練を終えて大連湾に入った」ことを知らない。

　二月四日午前九時、元老伊藤博文が海軍省を訪れ、日露開戦に慎重な山本権兵衛《ごんのひょうえ》海相の意見を徴したところ、山本権兵衛海相も、

「事ここに至って機を失するは、悔ゆるも及ばず」

と開戦の決意を述べた。

決断を迫られた政府は二月四日午後二時二十五分、御前会議を開催する。

明治天皇臨席の下、伊藤博文、山県有朋ら元老と、首相桂太郎、外相小村寿太郎、海相山本権兵衛、陸相寺内正毅《まさたけ》らが列席。冒頭、海相山本権兵衛が、

「ロシア艦隊の出動目的は不明ながら、海軍は、ロシア艦隊全艦出港の事態から、戦機はすでに熟した、と考えます」

と奏上したのち、会議に入り、午後四時に至り、伊藤が明治天皇に開戦不可避を言上した。明治天皇は、

「戦争回避のため、ロシア皇帝に親電を送りたい」

と述べたが伊藤は、

「形勢すでに急迫し、その余裕なきものと愚考いたします」

と答え、午後四時三十分、ついに伊藤は、

「このうえ時日を空疎するとき、外交・軍事とも回復し得ざる不利に陥るは疑いをいれず……」

と発言、開戦の裁可を求めたのである。

この夜、明治天皇は深い憂心に捉えられ、侍従らに、

「今回の戦さは朕《ちん》の志にあらず、しかれども、事ここに至る。如何ともすべからざるなり。万

一、蹉跌を生ぜば、朕、何をもって祖宗に謝し、臣民に対するを得ん」と語り、声を詰まらせ涙を流した、と『明治天皇記』は伝えている。

第五章　日露戦争の緒戦

日露開戦

明治三十七年（一九〇四年）二月五日、小村寿太郎外相は栗野慎一郎駐露公使に、「日露断交」をロシア政府に通告するよう訓電した。

ただちに陸軍は、第一軍（司令官黒木為楨大将）を構成する近衛師団・仙台第二師団・小倉第十二師団に動員令を下命する。先陣となる第十二師団の韓国臨時派遣隊（歩兵二千二百余人、馬匹十六頭）は佐世保に集結、二月六日午前零時、輸送船「小樽丸」「大連丸」「平壌丸」に乗り込んだ。

海軍では同日午前一時、東郷平八郎連合艦隊司令長官が出撃命令を下し、午前九時から第一戦隊の戦艦六隻「三笠」「朝日」「富士」「八島」「敷島」「初瀬」、第二戦隊の巡洋艦五隻「出雲」「吾妻」「八雲」「常盤」「磐手」、第三戦隊の巡洋艦四隻「千歳」「高砂」「笠置」「吉野」が順次、佐世保を出港した。

韓国臨時派遣隊を乗せた輸送船三隻は、第四戦隊（司令官瓜生《うりう》外吉少将）の巡洋艦五隻「浪速」「明石」「高千穂」「新高」「浅間」に守られ、午後に朝鮮半島西岸の仁川《じんせん》に向けて出港した。輸送船団を守る瓜生外吉少将はアメリカのアナポリス海軍兵学校を卒業した、国際法に詳しいアメリカ派である。

上陸予定地の仁川港内には、ロシア巡洋艦「ワリヤーグ」と砲艦「コレーツ」が停泊していた。二月八日午後五時三十分、瓜生戦隊は輸送船団を守りながら仁川の錨地《びょうち》に到着、韓国臨時派遣隊の揚陸作業は午後六時から開始され、夜を徹して翌九日午前六時に完了した。これを港外から見届けた瓜生少将は「ワリヤーグ」艦長ルードネフ大佐に、「正午までに仁川港を出港せられたし。これに応ぜざれば戦闘行為を採る」との通告文を送った。

ロシア側の劣勢は明らかである。しかしルードネフ大佐は、「コレーツ」艦長ベリャーエフ中佐の「国際法に則り事前通告した日本のサムライと一戦交えましょう」との進言を容れ、午後零時二十分、港外で包囲する瓜生戦隊に砲戦を挑んだ。

勝敗は明らかである。「ワリヤーグ」は十一発の砲弾を受けて左舷に十五度傾斜、死者三十人、負傷者八十人を出し、「コレーツ」も砲弾一発（死傷者なし）を受けた。

満身創痍となった「ワリヤーグ」は「コレーツ」とともに仁川港内に戻り、乗組員を退艦させたあとキングストン弁を開いて自沈、「コレーツ」も艦底に装着した爆薬を炸裂させて自沈した。

「ワリヤーグ」の重傷者二十四人は日本赤十字社の仁川病院に収容され、手当を受けた。瓜生少将はそこに軍医山本英忠大佐を派遣して、

「（ロシア側重傷者の）祖国の為に尽瘁《じんすい》せる忠誠に、哀悼の念禁ずるにあたわず。安んじて治療

を受けらるることを願う」

との慰問の言葉を伝えた。

その後、この重傷者二十四人のうち、死亡した二人を除く二十二人は愛媛の日本赤十字社松山病院へ送られ、療養ののちロシアに送還される。ロシア皇帝ニコライ二世はこの人道的措置に謝意を表し、フランス政府を介して、日本赤十字社に一千ドルを寄付した。

旅順口水雷夜襲攻撃

一方、連合艦隊の旅順攻撃部隊は、旅順の東方洋上七十カイリに集結していた。

まず駆逐艦十隻に、旅順口夜襲命令が発せられた。旅順口の戦艦七隻「レトウィザン」「ツェザレウィチ」「ペトロパウロフスク」「ポベーダ」「ペレスウェート」「セワストポリ」「ポルタワ」を、駆逐艦だけで夜襲するのである。横綱に十両がぶつかるようなものだ。

旅順口へ向かう第一駆逐隊「白雲」「朝潮」「霞」「暁」、第二駆逐隊「雷《いかづち》」「朧《おぼろ》」「電《いなづま》」、第三駆逐隊「薄雲」「東雲《しののめ》」「漣《さざなみ》」の十艦は「バンザイ」の声に送られながら進撃して行った。時に海上は「海霧夕陽を鎖《とざ》し、海上波無く、航行すこぶる平穏」であったという。

駆逐艦の仕事は過酷である。

駆逐艦の本務は主力戦闘艦たる戦艦の護衛であり、さらに警戒、哨戒も行なわねばならない。兵員輸送船や船団護衛という地味で辛い仕事もある。不幸にして海戦が敗北に終わり、味方戦艦沈没となれば、味方艦隊が退却するなか、残敵掃討にかかる敵の攻撃を一身に浴びながら、海上に浮遊する味方生存将兵の救助に当たらねばならない。駆逐艦は、小体ながらスピードと打撃力を確保するために装甲は薄く、防御力は弱い。また兵員の居住性は劣悪である。それでも文句ひとついわず、黙々と任務を果たしたのが日本の駆逐艦である。

この夜、ロシア旅順艦隊は厳戒態勢の下、旅順湾外の錨地に碇泊して、駆逐艦「ベズストラシヌイ」と「ラストロプヌイ」が周辺海域を哨戒していた。旅順湾は湾口が狭く、大型艦は満潮時しか出入りできないので、臨戦態勢のときには、ロシア旅順艦隊は緊急出動に備えて陸上砲台の援護下にある湾外の錨地に統一碇泊することを常態とし、この夜も港外に碇泊していたのである。

日本駆逐艦隊が旅順口を目指して進んで行くと、午後九時五十五分頃、先頭の駆逐艦「白雲」の第一駆逐隊司令浅井正次郎大佐が暗闇と濃霧のなかに、おぼろな灯火を視認した。じっと眼を凝らすと、前方を駆逐艦「ベズストラシヌイ」と「ラストロプヌイ」が横切っているところだった。浅井大佐は咄嗟に右への転舵を命じ、艦尾灯を消させた。

この遭遇に、日本駆逐艦隊の陣形が崩れた。

第一駆逐隊は先頭の「白雲」の転舵になんとか対応することができたが、第二駆逐隊の先頭艦「雷」に二番艦「朧」が追突、艦首を損傷してスピードが出なくなり、三番艦「電」は前艦とはぐれた。また第三駆逐隊の「薄雲」「東雲」は第一駆逐隊を見失い、最後尾の「漣」が隊列からはぐれた。

それでも第一駆逐隊の四艦は前進を続け、午後十時五十五分、戦艦「レトウィザン」が照射するサーチライトを発見、「白雲」はサーチライトが海面を舐め回すなか、午後十一時三十三分、六百メートルの至近距離に迫って魚雷を発射した。

発射音が夜の海の静寂を破り、暗闇のなかに発射炎が浮き出ると、ロシア各艦のサーチライトが「白雲」の姿を照射したが、「白雲」は果敢に二本目の魚雷を発射し、左へ転舵して全速力で退避。二番艦「朝潮」も魚雷二本を発射すると、戦艦「レトウィザン」の左舷に魚雷が命中した。

ロシア各艦は警戒ラッパを吹き鳴らして反撃を開始したが、その間に三番艦「霞」と四番艦「暁」がそれぞれ魚雷二本を発射して転舵した直後、今度は戦艦「ツェザレウィチ」の左舷に魚雷が命中した。

さらにこの戦闘の最中、第二駆逐隊の「雷」が戦場に到着して魚雷を発射、第三駆逐隊の「薄雲」と「東雲」も距離千五百メートルから魚雷を発射して転舵した直後、巡洋艦「バラーダ」

の左舷に魚雷が命中した。

その後、第二駆逐隊の「朧」「電」と第三駆逐隊の「漣」も戦場に現われ、魚雷各二本を発射して、退避した。

結局、日本駆逐艦十艦は合計二十本の魚雷を発射し、うち三本が命中した。

この夜の水雷夜襲攻撃について第三駆逐隊「漣」艦長の近藤常松少佐はのちに、

「敵はいっぱい居るんだから、探照灯を照らしている奴をやれば当たる、という見当でやったものです。二十本の魚雷を射って三艘ほど傷《いた》めたというお恥ずかしい次第でした。なにしろ初陣だからどぎまぎしておる。初陣となると、人間、そううまく行くものではない」

と控えめに述懐しているが、駆逐艦十隻でロシア戦艦二隻、巡洋艦一隻を戦列から脱落させたことは、このあとの制海権争奪戦に計り知れない有利をもたらす。

二月十四日、ニコライ二世は人事異動を発令、ロシア旅順艦隊司令長官スタルク中将を更迭し、新司令長官にマカロフ中将を任命した。緒戦の戦闘経過を見て、「スタルク中将は果断性に欠ける」と判断したからである。

新司令長官マカロフ中将は、下級軍人の家に生まれ、水兵から叩き上げ、水雷艇の艇長などを歴任して中将に昇進した人物である。貴族階級が軍の中枢を占める帝政ロシアにおいて、「水兵からでも中将になれる」ことを実現したマカロフは、水兵たちの憧れの的だった。

マカロフは、砕氷船「エルマーク号」を設計して北極探検を行なったり、地中海や黒海の潮流や水温分布を研究するなど学究的性格を持ち、自著『海軍戦術論』が東郷平八郎ら日本海軍軍人の間で広く読まれるほどの理論派で、いわばロシア海軍のエースだった。

発令を受けたマカロフ中将は二月十七日に出発。旅順着任は三月八日である。

ロシア旅順艦隊はこのあと、旅順湾内に立てこもり、日本海軍にとって、いつ出撃してくるかわからない厄介な存在となる（マカロフ中将は四月十三日、日本艦隊と交戦中に戦死）。

塩大澳海岸に上陸

日露戦争緒戦の陸上における激戦が明治三十七年五月の金州・南山の戦いである。

日本陸軍の基本戦略は、

「ロシア軍を遼陽と旅順に分断し、黒木第一軍と奥第二軍（司令官奥保鞏大将）が遼陽のロシア軍主力を撃破する」

であった。その際、北上する黒木第一軍・奥第二軍の背後を、旅順のロシア陸軍に襲われぬよう、乃木第三軍（司令官乃木希典大将）を新たに編成して、旅順を封鎖することとした。その乃木第三軍の上陸、および重砲（口径十センチ以上の大型砲）などの重量兵器を揚陸させる

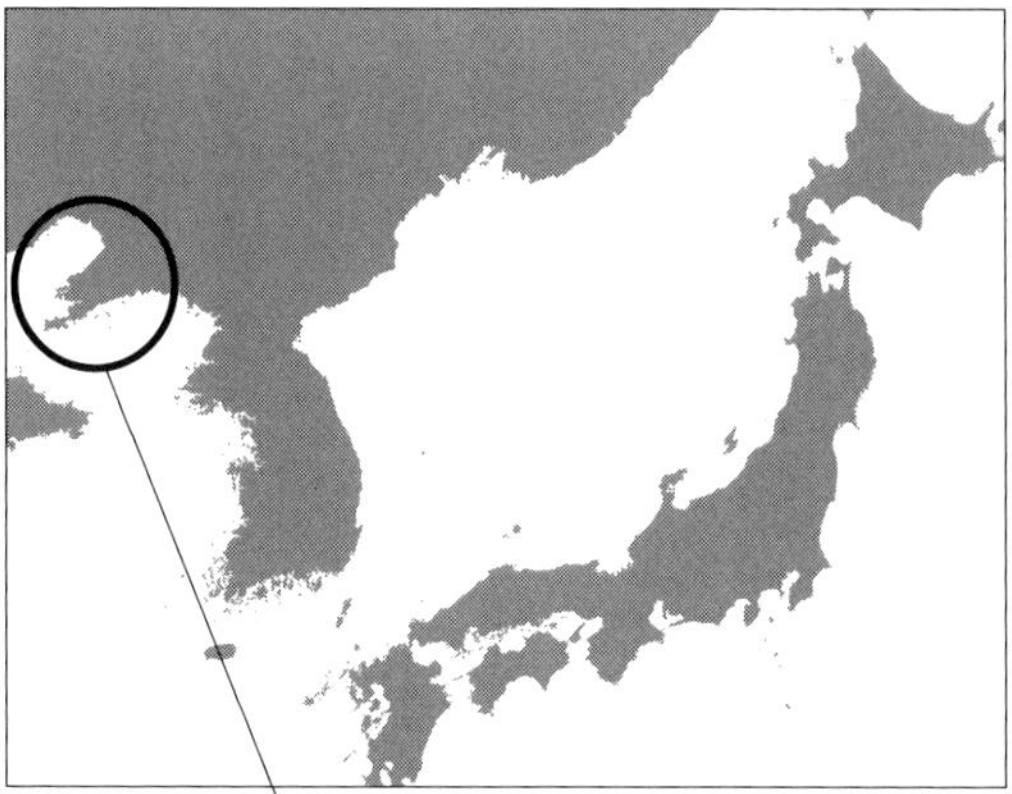

遼東半島全図

至奉天
遼陽
牛荘
海城
摩天嶺
営口
析木城
鳳凰城
蓋平
岫岩
九連城
義州
（北朝鮮）
得利寺
大狐山
金州城
金州湾
塩大澳
南山
旅順
大連
大連湾

には大連港の確保が必須だったが、大連港と大連湾は金州城と南山陣地に守られていたため、奥第二軍による金州・南山の攻略が必要となったのである。

金州城は既存の城壁を利用して要塞化され、機関銃も据えられていた。南山陣地は連なる諸高地に設けられた堅固な防御陣地で、高地と斜面に敷設された堡塁《ほるい》には重砲・大砲・機関銃が据えられ、陣前には塹壕・鉄条網・地雷原が敷設されていた。

奥第二軍が上陸した塩大澳《えんたいおう》という海岸は、水深約一メートルの遠浅の砂地で、歩兵の上陸には適していた。だがあまりにも水深が浅いので、大砲を積んだはしけは大砲の重量で喫水線が下がって海底の砂にめり込み、前進できず、口径七・五センチの三一年式野砲と少数の弾薬を揚陸するのがやっとだった。このため奥第二軍はたちまち弾薬不足に陥る。だから奥第二軍は重砲もなく、大砲・弾薬の乏しいなか肉弾で金州・南山を攻めるしかなかったのである。

ところが『坂の上の雲』ではこうなっている。

「『金州は一日で陥ちるだろう』

というのが、東京の大本営と奥軍の予想であった……日本軍のこの敵情についての無知が、おもわぬ屍山血河の惨況をまねくことになった……。

——近代的陣地とはこういうものか。

ということを、そういう点に無知だった日本陸軍はその砲火のシャワーをあびることによってはじめて知らされた……奥保鞏は、上陸後、偵察によってはじめて金州・南山要塞の容易ならなさにおどろき、大本営に、電報をうち、

『重砲を送れ』

と要請したが、大本営からおりかえし、

『その必要なし。即攻せよ』

と、命じてきた」

すなわち、奥保鞏が大本営に「重砲を送れ」と要請した、と書いているのだ。

そんな馬鹿な話はありようもない。金州・南山を落として大連港を確保しない限り、重砲などの重量物の揚陸は困難なのだ。金州・南山の戦いは、その重砲などの揚陸ができる大連港を確保するために、戦っているのである。

金州・南山の戦い

第二軍奥保鞏司令官は金州城攻撃に大阪第四師団、南山攻撃に東京第一師団・名古屋第三師団を配し、五月二十五日、

「今夜中に金州城を攻略。南山総攻撃は明朝午前四時三十分とす」

と命じた。

しかし大阪第四師団は金州城攻略に失敗して午前四時頃に退却してしまう。このため総攻撃予定時刻に前進した東京第一師団が、金州城から機銃掃射を受けて乃木勝典《かつすけ》中尉（乃木希典の長男）が戦死するも激戦の末、金州城を占領する。

そして南山総攻撃が、予定時刻から五十分遅れて午前五時二十分に開始された。

ところが大阪第四師団も名古屋第三師団も東京第一師団も、鉄条網を敷設した堅固なロシア軍散兵壕からの機関銃による一斉射撃で動けなくなった。午前十時頃、身を伏せていた名古屋第三師団が突撃のため立ち上がると、たちまちロシア軍機関銃に薙《な》ぎ倒された。

司馬遼太郎は、

「――敵は機関砲（銃）というものをもっている。

ということが、日本軍の将兵がひとしくもった驚異であった。日本歩兵は、機関銃を知らなかった。火器についての認識が、先天的ににぶい日本陸軍の体質が、ここにも露呈している」

（『坂の上の雲』）

と述べている。

しかし奥第二軍は、ロシア軍機関銃十挺に対して、四十八挺の機関銃を持っていた。

戦国時代の城攻めを考えればわかることだが、攻城側の二百挺の火縄銃より、守城側の銃眼から撃ち出される百挺の火縄銃の方が圧倒的に有利である。守城側の銃眼からは攻城側を狙撃できるが、攻城側の火縄銃は一辺十五センチの三角形の銃眼に弾丸を撃ち込まない限り何の効果もない。

すなわち南山戦においても、掩蓋《えんがい》に守られ銃眼から斉射するロシア軍機関銃十挺の方が、下から撃ち上げる奥第二軍の四十八挺の機関銃より、はるかに有利だったのだ。いずれにせよ、

「日本歩兵は、機関銃を知らなかった」

との記述は誤りである。

午後二時頃、大阪第四師団が南山北麓へ前進したものの攻撃は頓挫。

東京第一師団の東京第一連隊は午後三時五十分に突撃したが、第一次突撃隊は五十〜六十メートルを進む間にほとんどが倒れ、第二次突撃隊は立ち上がった途端、機銃掃射を浴びて潰滅、それでも東京第一連隊長小原正恒《まさつね》大佐は残兵を率い、軍旗を奉じて突撃したが、頭部に銃弾を受けて倒れ、副官進藤長重《ながしげ》大尉と連隊旗手江尻辰美少尉が戦死し、突撃は失敗に終わった。

この突撃について東京第一連隊の和田亀治参謀はのちに、

「軍旗を先頭に突撃すると敵の機関銃が猛射を加え、旗手も連隊副官も戦死し、連隊長は重傷。軍旗は、旗竿を軍曹が持ち、あっちに御紋章（旗）が有るという悲惨の極みであった」

と述懐している。

東京第三連隊の突撃隊もほぼ全滅。鉄条網を這い潜ってロシア軍散兵壕に迫った少数の日本兵は、散兵壕前でロシア兵に撃ち殺された。

このときの東京第一師団の苦闘を『坂の上の雲』は、

「ともかくも、銃と剣だけを武器とした歩兵が、大消耗を覚悟のうえでの接近を遂げてゆくしかしかたがない。歩兵の躍進は、早朝、砲兵の射撃とともにはじまったが、山麓にちかづくにつれて損害がものすごいいきおいでふえはじめた。山麓に鉄条網がはりめぐらされている。歩兵は途中砲煙をくぐり、砲火に粉砕されながら、ようやく生き残りがそこまで接近すると、緻密な火網を構成している敵の機関銃が、前後左右から猛射してきて、虫のように殺されてしまう。それでも日本軍は、勇敢なのか忠実なのか、前進しかしらぬ生きもののようにこのロシア陣地の火網のなかに入ってくる。入ると、まるで人肉をミキサーにかけたようにこなごなにされてしまう」

と描き、戦場に斃れた戦死者の姿を、

「人肉をミキサーにかけたようにこなごなにされてしまう」

と表現した。

この司馬遼太郎の文章は、一体、何なのか？

「文は人なり」というが、東京第一連隊長小原正恒大佐や進藤長重大尉や江尻辰美少尉ら斃れゆく将兵の無念を、このように描く司馬遼太郎という人物の真底に潜む冷血な心根が垣間見られるような気がする。こうした文章のなかには、ともに戦った戦友への愛や、国のため戦って斃れた同胞の無念への共感など、まったく感じられない。

また、「ロシア陣地の火網のなかに入ってくる」とのくだりは、「ロシア軍機関銃陣地から日本兵に銃の照準を当てて、見ている視点」である。これではまるでロシア側従軍作家の見方ではないか。日本の国民作家とは、とてもいえまい。私は一人の日本人として、強い疑問を感じる。

奥第二軍の突撃はすべて失敗に終わり、午後四時頃、奥第二軍司令部は悲況に包まれた。各師団から「部隊全滅」の悲報が上がり、名古屋第三師団長大島義昌中将は、

「いまや、一兵も前進すべからざる苦境にあり」

と総攻撃中止を要請、参謀たちも奥に、「まずはいったん、後退」を進言した。

奥は口を閉ざし、沈思黙考して、黄昏《たそがれ》迫る戦場を見渡していた。

午後五時、奥はついに、決断を下す。

参謀長落合豊三郎少将を呼ぶと、

「損害を顧みず、歩兵をもって（南山陣地を）強襲せよッ」

といい放ったのである。支援砲撃がないなかでの、全滅覚悟の肉弾突撃である。

あまりのことに驚いた落合が、

「（退却でなく）総攻撃でありますか？」

と再確認すると、奥は悠然として、

「然り」

と答え、各師団への命令伝達を指示した。

しかし東京第一師団、名古屋第三師団とも、前進命令に応ずる余力すらなかった。動いたのは大阪第四師団だけである。

大阪第四師団長小川又次中将は「全滅を賭して前面の敵を攻撃せよ」と命じ、第四師団は勇気を鼓舞して、支援砲撃がないなかでの、全滅覚悟の最後の肉弾突撃に移ろうとした。

そのとき、砲艦「鳥海」「赤城」が金州湾に現われ、南山陣地へ猛烈な艦砲射撃を開始する。

ロシア砲兵も反撃し、砲弾は「鳥海」に命中。艦長林三子雄《みねお》中佐が戦死した。

「鳥海」の支援砲撃に勇気づけられた第四師団は意を決して突進。敵前百五十メートルまで前進して突撃の機会を待った。

一方、南山陣地のロシア軍は危機感に浸っていた。南山陣地に着弾した日本艦隊の砲弾で多数の死傷者を出し、陣地防衛が困難となったからである。

ロシア軍は午後六時十五分、退却を開始する。第二軍司令官奥保鞏大将は午後五時の時点で、ロシア軍退却を読み切ったわけである。

この戦いにより奥保鞏は、「南山の奥」として勇名を馳せることになる。

奥保鞏は、弘化三年（一八四六年）、小倉藩十五万石小笠原家（譜代）の馬廻り役三百石という中級藩士の家に生まれた。小倉城は保鞏青年が二十歳の慶応二年（一八六六年）、第二次長州征伐で長州藩奇兵隊一千余人の猛攻を受けて落城した。保鞏青年は戦争の無情を感じてか、いったんは文学を志す。だが明治維新後、陸軍制度が発足すると軍籍に身を投じ、鎮西鎮台小倉出張所三番小隊付歩兵大尉心得を振り出しに、軍歴をスタートさせた。明治九年の佐賀の乱では中隊長として左肺に敵弾を受け、九死に一生を得る。さらに西南戦争では熊本城籠城四十日ののち、城外の官軍と連絡するため決死隊を率い、大声疾呼して敵の重囲を切り抜けたとき、飛弾が口中から頬を貫通、それでも屈せず、左手で傷口をおさえ、右手で軍刀を振るって群がる敵を撃退して名を挙げる。

奥はこのような軍歴によって佐幕派出身でありながら、軍司令官に抜擢されたのである。

午後八時、南山陣地は陥落した。

司馬遼太郎は、

「掩蔽砲台と無数の機関銃陣地は生きている。それらが数百メートルに接近した日本兵を血なますにして鉄条網の前に死骸の山をきずいた。

——もはや、どうにもならない。

という気が、奥保鞏の幕僚のあたまを支配しはじめたのは、この日、正午すぎである……結局は累計二千人という一個連隊ぶんの死傷者を出しただけであった」(『坂の上の雲』)

と述べるだけで、

「南山陣地の攻略により、補給基地である大連港を確保し、ロシア軍を遼陽と旅順に分断して作戦目的を達成した」

ことには固く口を閉ざすのである。

第六章　海軍が旅順占領を要請

井口省吾と伊地知幸介の大喧嘩

ロシア政府は明治三十七年五月二十日、当時世界最強と称されたロシア・バルチック艦隊の極東派遣を公表した。すると日本海軍はバルチック艦隊と旅順ロシア艦隊が合流することを恐れ、乃木軍による旅順攻撃を正式に要請する。七月十一日、東郷平八郎連合艦隊司令長官は伊東祐亨《すけゆき》海軍軍令部長に、

「八月上旬までに旅順を攻略するよう、陸軍に働きかけてほしい」

と電報で要望。これを受けた山県有朋参謀総長は満州軍総司令官大山巌元帥に打電し、

「多少の犠牲は顧みず、乃木第三軍に旅順を攻撃させる」

よう命じた。

七月二十日、大山元帥は旅順攻撃を了承し、予定日を八月末と決定した。

しかし伊東軍令部長は「八月末」に不満で、七月二十五日、大山元帥に、

「バルチック艦隊の来航が近いので、八月十日までに旅順を攻略する」

よう電報で要求した。バルチック艦隊来航は翌年の明治三十八年五月で十カ月も先なのに、伊東は「八月十日」にこだわったのだ。困惑した大山は七月二十八日、

「重砲等の運搬のため鉄道の修復が不可欠なので、『八月十日』までの攻略は無理」

と返電したが伊東はこの回答をも不満とした。そこで参謀本部総務部長井口省吾少将が満州軍高級参謀へ赴任する際、乃木軍司令部に立ち寄って説得することとなった。

八月四日、井口少将は乃木軍司令部に着くとさっそく乃木軍参謀長伊地知幸介少将に、旅順の急襲速攻を要求した。だが伊地知少将は、大連港から上陸して遼東半島を西進して行く過程でロシア軍との実戦を幾度も経験し、ロシア軍の防御陣地が堅固であることを身に染みて感じたからか、慎重な態度をとるようになっており、

「急進突撃して一挙に旅順要塞を攻略せんとすれば、必敗を免れない。旅順総攻撃は『八月下旬』の予定で準備中である。『八月十日』に繰り上げるのは無理である。バルチック艦隊が一カ月以内に来航するとは思えない。ただしバルチック艦隊来航前の旅順攻略は承け合う」

と反論した。

伊地知の主張はもっともである。しかし井口は納得せず、伊地知に食ってかかり、怒鳴り合いの大喧嘩となる。

井口と伊地知は陸軍士官学校第二期の同期生で、井口は優秀でエリート、伊地知は最優秀で超エリートだった。しかしいまは、形の上では満州軍高級参謀の井口が乃木第三軍参謀長伊地知の上官となっている。井口には、伊地知の優れた才能に対する妬みと、山県有朋らをバック

に持つ優越感があった。

伊地知の主張は現実に根差した正論だが、井口は権力をもって伊地知をねじ伏せ暴論を押し付けようとしたのだ。結局、旅順総攻撃予定日は、中を取って八月二十一日払暁と決まった。


伊地知幸介は薩摩藩士伊地知直右衛門の長男に生まれ、少年兵として御親兵に選ばれ、西郷隆盛に従い上京、陸軍幼年学校を経て明治八年に陸軍士官学校に入校し、明治十年の西南戦争に出征、明治十二年二月に砲兵少尉に任官したのち、同年十二月に陸軍士官学校を卒業した。同期生百三十六人には田村怡与造、井口省吾、長岡外史《がいし》らがいる。

伊地知は陸軍士官学校を卒業した翌年から二年間フランスに留学し、四年後の明治十七年に大山遣欧使節団の随員として再び派遣され、そのままドイツに留学、ドイツ参謀総長モルトケの知遇を得て戦略・戦術の指導を受けた。日清戦争には第二軍参謀副長として出征、明治二十九年に参謀本部の第一部長（作戦部長）に就任する。その後も伊地知は田村と並んで同期のトップで進級し、明治三十三年に田村とともに少将に任命される。

司馬遼太郎が、田村と並んで陸軍上層部から高く評価され、嘱望《しょくぼう》された伊地知について、「すぐれた作戦家という評判は陸軍部内で少しもなかったおそるべき無能と頑固の人物」と書いたのは真っ赤なウソである。

一方、井口省吾は駿河国駿東郡上石田村（現沼津市上石田）の農業井口幹一郎の次男に生まれ、幕府系の沼津兵学校を経て、明治八年に陸軍士官学校に入校し、西南戦争に従軍、明治十二年二月に砲兵少尉に任官した。

陸軍士官学校で最優秀と評定された伊知地は陸士卒業後、陸大へ進まずフランスとドイツへ留学した。一方、井口は陸大へ進んだ。伊知地は、陸大へ進んだ井口より「はるかに優等」と判定されたから海外留学組となったのである。

だがこれが、伊知地と井口の感情的対立の根となる。

井口は明治十七年に陸軍大学（第一期）に入学し、明治十八年に来日したメッケルの指導を受け、伊地知に遅れること七年、明治二十年からドイツに留学した。その後、明治二十四年から明治二十六年まで陸大教官を勤め、日清戦争に第二軍作戦主任参謀として参戦したのち陸大教官に戻り、明治三十年に大佐に昇進して陸大教頭となる。

こののち、井口大佐が陸軍省軍務局軍事課長に就いていたとき、上官の参謀本部総務部長田村怡与造少将に議論を吹き掛けたことがあった。同期生ということもあって互いに譲らず、大声怒号は室外に洩れ、夕刻になっても終わらず、田村は声を励まし、

「大佐の分際で少将に対し、無礼の言を吐くとは何事であるかッ」

とどやしつけると、井口は、

「階級をもって論じるのはやめろッ。自分は軍事課長として職責上争うまでだッ」

と応酬した。日露戦争二年前のことである。

水と油

そしてひとたび日露戦争が始まると、今度は乃木第三軍参謀長伊地知幸介が井口の口吻の毒牙にかかったのだ。

「火事と喧嘩は江戸の華」というが、つかみ合いの喧嘩にならんとするとき、良識人なら両者の間に入って双方の主張を聞き、調停案を示して穏便に収めるであろう。しかも前述のとおり、伊地知の主張は現実に根差した正論であり、井口の主張は権力をバックにした暴論なのだ。

「喧嘩だ、喧嘩だ」と聞いて、すっ飛んで行き、権力をバックに暴論を唱える側に加担して「そうだヤレヤレ、そこだノシちまえ」と煽ることは、あまり感心できない。しかるに司馬遼太郎は、六十年以上も経ってから井口と伊地知の大喧嘩に首をつっこみ、虎の威を借る井口の肩を持って煽りに煽った。旅順攻撃の失敗の責任は伊地知にあると決めつけ、『坂の上の雲』にこう書いた。

「乃木希典は東京を発つとき、

『死傷一万人でおちるだろう』

とみた。その程度でしか旅順をみていなかった。それを基準として攻撃法をきめた。むろん、参謀長の伊地知幸介の頭脳からでたものである」

「有能無能は人間の全人的な価値評価の基準にならないにせよ、高級軍人のばあいは有能であることが絶対の条件であるべきであった。かれらはその作戦能力において国家と民族の安危を背負っており、現実の戦闘においては無能であるがためにその麾下の兵士たちをすさまじい惨禍へ追いこむことになるのである。乃木希典の最大の不幸は、かれの作戦担当者として参謀長伊地知幸介がえらばれたことであった」

「旅順の日本軍は、『老朽変則の人物』とひそかにののしられている参謀長を作戦頭脳として悪戦苦闘のかぎりをつくしていた。一人の人間の頭脳と性格が、これほどの長期にわたって災害をもたらしつづけるという例は、史上に類がない」

「伊地知が、結局はおそるべき無能と頑固の人物であったことが乃木を不幸にした。乃木を不幸にするよりも、この第三軍そのものに必要以上の大流血を強いることになり、旅順要塞そのものが、日本人の血を吸いあげる吸血ポンプのようなものになった」……

要するに司馬遼太郎は、伊地知ひいては乃木を無能・愚将とののしり、両人の顔に泥を塗るために、『坂の上の雲』という小説を書いたとしか、私には思えない。

片や司馬遼太郎が有能と折紙をつけた参謀本部部長井口省吾は、実は「自分の失敗は部下の責任、部下の戦功は自分の戦功」という自分本位の男だった。あるときこんなことがあった。井口省吾の邸を改築した業者が残土を井口邸の門前に放置したため通行の妨げになり、周囲から苦情が出た。本来ならこういう場合、施主である井口省吾が頭を下げるべきであるが、井口省吾は門前に高札を立てて、

「この残土は井口家とは無関係であるから、井口家は一切の責任を負わない」

と突っぱねたのである。この出来事について雑誌『征露戦報』（第二十四号・実業之日本社）は、

「井口少将は理屈の堅塁なり。理数をもって立つ参謀本部内においてさえ、理屈家の異名あり。理屈ならば、いかなる人と対抗するも、必ず敵を圧伏す。井口少将は、理屈において実に難攻不落なり。井口少将は、いかなる人をも畏敬せしむる。あるとき井口少将の私邸に造作のことあり。大工ら土を門前に堆積したるまま取り除かず。少将、その土に高札を立て大書していわく。『この土は我が家のものにあらず。ゆえにその責に任ぜず』と。その口吻、はなはだ弁護士に似たり」

と報じている。

根っからの薩摩隼人で西郷隆盛の教えを受けた伊地知とは、しょせん水と油の関係だったのだ。

焦る海軍と急ぐ陸軍

日本海軍はバルチック艦隊の来航前に旅順ロシア艦隊を殲滅することを至上命令としていたが、明治三十七年八月十日、ついにそのチャンスが到来する。黄海海戦である。

旅順要塞を包囲した乃木第三軍が旅順湾へ向け山越えの間接砲撃（無照準射撃）を行なうと、この日の朝、旅順ロシア艦隊は戦艦六隻・巡洋艦五隻など総勢二十隻が旅順湾を出てウラジオストクへの遁走を図った。

日本艦隊はただちに追撃、同日午後四時四十二分から始まった黄海での海戦は、午後七時七分、日本海軍の勝利となる。ところが四分五裂となって戦場を離脱した戦艦「レトウィザン」「ポベーダ」「ペレスウェート」「セワストポリ」「ポルタワ」と巡洋艦「パラーダ」が多数の命中弾を受けながらも旅順へと逃げ戻ったのだ。

連合艦隊作戦参謀秋山真之は「艦隊決戦主義」という華やかさに酔いしれ、海戦に圧勝したあと日本戦艦（速力十五・五ノット）を旅順湾へ先回りさせ、満身創痍のロシア戦艦（速力十

四ノット）を旅順湾口前で撃沈する「追撃戦」を怠ってしまった。作戦参謀たる秋山は、

「敵艦隊の防備の薄いウラジオストクへの逃走を許したとしても、防備の固い旅順湾への逃走は断じて許してはならなかった」

のである。しかるに彼は詰めの甘さからロシア戦艦が旅順湾に逃げ込むことを許した。だから二〇三高地山頂からの直接砲撃が必要になり、乃木第三軍が五万九千人の膨大な死傷者（戦死者一万五千人）を出すこととなるのだ。


前述のとおり日本陸軍の対露作戦計画は「主力の黒木第一軍・奥第二軍が南満州の遼陽でロシア軍主力を撃退する」というもので、乃木第三軍の当初の使命は、

「黒木第一軍・奥第二軍が背後を襲われぬよう、旅順の山麓に竹矢来を作って旅順ロシア軍を封鎖し、もしロシア兵が旅順要塞から出てくるなら、ロシア兵の頭上に榴散弾《りゅうさんだん》の雨を降らせて押し返す」

だった。旅順要塞攻撃は参謀本部にとっても予想外だったから、児玉源太郎参謀次長は明治三十七年三月上旬の参謀本部の会議で「旅順竹矢来論」を力説し、

「旅順は封鎖すれば充分だ。旅順に竹柵を作るべく、竹と縄の必要量を計算させている」

と開陳して参謀本部員たちの失笑を買っている。そもそも、乃木第三軍の役割はこの程度の

ものだったのだ。

砲弾には「榴散弾」と「榴弾」がある。榴散弾は砲弾を時限信管により空中で破裂させ多数の散弾を撒き散らし敵の人馬を広範囲に殺傷する散弾で、要塞の破壊や要塞下の敵兵の殺傷はできない。榴弾は砲弾内部の爆薬を炸裂させて敵兵もろとも要塞を破壊する砲弾である。

児玉源太郎にとって旅順要塞攻撃は予定外だったから、乃木第三軍に大砲・砲弾を充分に配分せず、しかも砲弾は榴散弾を主に与えたのである。このため乃木軍は榴弾不足のまま、旅順要塞攻撃を行なうこととなるのだ。

旅順要塞の警戒は厳重で、日本人の立ち入りは不可能であり、内部の実態は知る由もなく、とくに二〇三高地など要塞西部は奥地であるため、内部どころか配置すら皆目わからなかった。

それにもかかわらず参謀本部は、「旅順要塞はたいしたことはない」と考え、出征前の乃木軍に、

「旅順要塞は旧式野堡（鉄条網・土盛り・空堀などによる野戦陣地）に散兵壕を増設しただけで、永久築城（ベトンなどで建造された要塞）なし」

との希望的情報を与えていた。参謀本部には三井物産旅順支店長から、

「ロシアは要塞建設のためセメント二十万樽を費消した」

という情報が伝えられていたが、真偽を確かめる術はなく、結局無視されてしまう。参謀本

部は旅順攻略に自信を持ち、

「死傷者一万人の損害を見込めば、一回の強襲総攻撃で旅順を落とせる」

と楽観し、乃木軍に、

「軍の任務上、時日を要する攻撃方法は一切避け、旅順港への最短距離である東北正面（日本軍は攻撃正面を東北、西、北に区分していた）を突破するよう」

命じた。

要するに乃木軍の旅順攻撃は「焦る」海軍と、「急げ」という参謀本部に振り回された、矛盾だらけの作戦計画だったのである。

第七章　旅順第一回総攻撃の失敗

乃木大将と機関銃

先に述べたとおり参謀本部は一回の強襲総攻撃で旅順を落とせるとして、乃木軍に最も堅固な東北正面（望台・東鶏冠山《ひがしけいかんざん》・二龍山・松樹山・盤龍山）を一気に正面突破するよう要求した。参謀本部は旅順のロシア軍を一万五千人・大砲二百門と推測し、乃木軍が兵員五万一千人・大砲三百八十門を投入して強襲すれば「容易に攻略可能」と考えていたのだ。

ところが旅順要塞には永久・半永久の堡塁・砲台がひしめき、ロシア兵四万七千人・大砲六百五十門・機関銃六十二梃が配備され、堡塁と砲台は交通壕で連絡され、鉄条網は三〜四メートルの縦深を持ち、周囲には地雷原まで敷設されていた。

しかも要塞の築城は巧妙だった。

旅順を包囲した乃木軍の幕僚たちはできる限り要塞に接近して高性能望遠鏡でつぶさに観察したが、砲台も堡塁も見えず、鉄条網や散兵壕が散見されるだけで、

「旅順要塞は野戦築城に毛の生えた程度」

にしか見えなかったらしい。

旅順第一回総攻撃は八月二十一日から行なわれ、東北正面の盤龍山は攻略したが、後述するように東鶏冠山への攻撃は頓挫、望台からも撃退され、結局失敗に終わる。

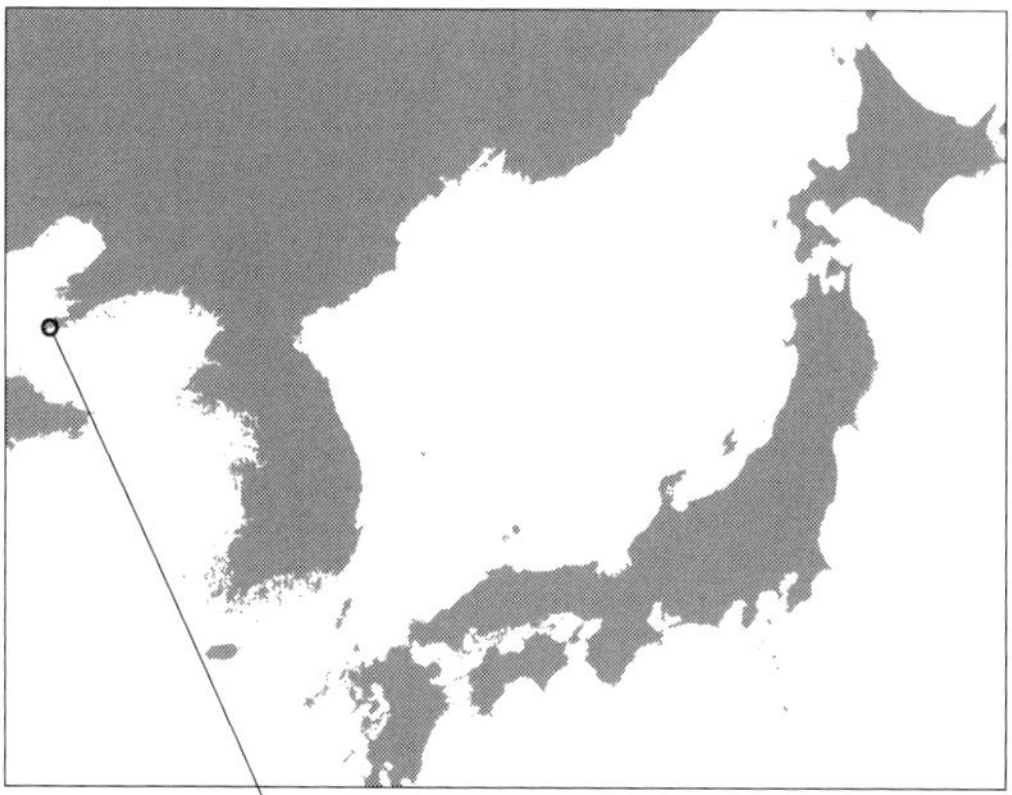

旅順要塞図

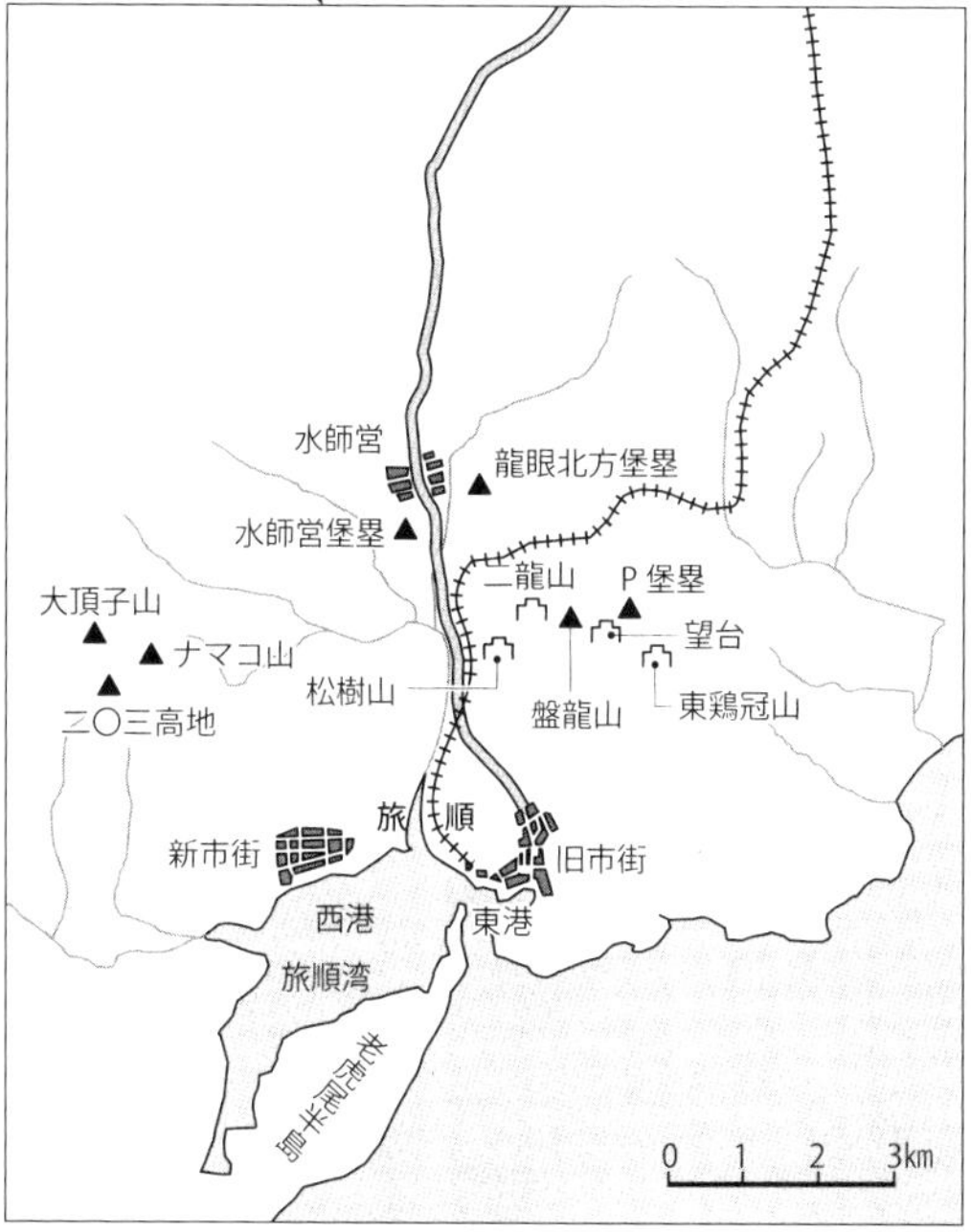
水師営
龍眼北方堡塁
水師営堡塁
二龍山
P 堡塁
大頂子山
ナマコ山
望台
松樹山
盤龍山
東鶏冠山
二〇三高地
旅
順
新市街
旧市街
西港
東港
旅順湾
老虎尾半島
0 1 2 3km

総攻撃に先立つ八月十九日、東京第一師団の後備第一連隊が旅順要塞の前哨堡塁である大頂子山を攻撃。山頂や周辺高地から集中砲撃を浴びたが翌二十日に大頂子山を占領した。

同日夕刻には金沢第九師団の鯖江第三十六連隊が前哨堡塁の龍眼北方堡塁を攻撃する。連隊長三原重雄大佐は機関銃での射撃を命じ、砲兵も猛砲撃を加え、龍眼北方堡塁は爆煙と砂煙に包まれた。鯖江第三十六連隊は午後七時頃から前進し、鉄条網を越えて外壕へ降りたが、ロシア兵が斜面上の胸墻《きようしよう》（盛り土）から機関銃と小銃を乱射したため、進撃も退却もできず全滅した。

鯖江第三十六連隊は六挺の機関銃を持っていたが、日本軍の機関銃は斜面下からの撃ち上げとなり弾丸はロシア軍の胸墻の上へ流れがちで、胸墻の銃眼から照準して射撃するロシア軍機関銃四挺の方が、日本軍機関銃六挺より圧倒的に有利だったのだ。

これも後述するが、盤龍山堡塁へ突入した金沢連隊の兵約二百人がロシア軍の逆襲で全滅の危機に瀕したとき、司令部から機関銃二挺が届けられ、さらに敦賀第十九連隊第五中隊が機関銃二挺を持って盤龍山堡塁内へ突入、ついに堡塁を占領する。つまり盤龍山占領は、乃木軍の四挺の機関銃のおかげなのだ。

しかるに司馬遼太郎は、

「旅順攻撃を担当した乃木希典は、要塞攻撃の初期、ロシア堡塁からきこえてくる連続射撃音をきいて、

『あのポンポン言う音はなんじゃ』

と幕僚にきいたところ、あれはマキシムであります、と幕僚が答えた。ある種の機関銃が、サー・ヒラム・マキシムの発明によるため、マキシムとよばれていた。

『ああ、あれがマキシムか』

と、乃木ははじめてその音をきいた」（『坂の上の雲』）

と書いているが、これも話を面白くするための真っ赤なウソである。

そもそも我が国で最初に使用された機関銃は幕末の戊辰戦争・長岡攻防戦（一八六八年）のとき長岡藩の河井継之助《つぎのすけ》が長州兵をなぎ倒したガトリング砲である。ガトリング砲はアメリカ人ガトリングが一八六一年に開発した世界初の機関銃（手動式）で、南北戦争（一八六一年～一八六五年）で北軍が使用して南軍を降伏させ、そののち北海道開拓使が一八七四年に二挺を購入、西南戦争（一八七七年）で実戦に使用された。なお現在、ガトリング砲（自動式）は米軍などが保有する対地攻撃用ヘリコプターに搭載されている。

その後アメリカ人マキシムが一八八五年に全自動式のマキシム機関銃を開発すると、明治陸軍は一八九〇年（明治二十三年）に二挺を購入し、これを国産化して日清戦争（一八九四年〜一八九五年）で使用した。

さらにフランスのオチキス社がホチキス機関銃を開発した。マキシム機関銃（重量二七・二キロ）は水冷式・ショートリコイル作動だったが、ホチキス機関銃（重量二四・三キロ）は空冷式・ガス圧作動により軽量化した新型機関銃で、のちの第一次世界大戦（一九一四年〜一九一八年）でフランス軍とアメリカ軍が使用する。

明治陸軍は、前述のとおり日清戦争でマキシム機関銃を使用したが性能が良くないので、一八九七年（明治三十年）にホチキス機関銃四挺を購入し、一九〇一年（明治三十四年）にオチキス社から製造権を買い取り、これを改良して日露開戦二年前の一九〇二年（明治三十五年）に保式機関銃として制定し、東京砲兵工廠《こうしょう》・大阪砲兵工廠で大量生産に入り、日露戦争に投入した。

後述する奉天会戦で日本陸軍は、ロシア軍機関銃五十六挺を上回る二百五十六挺を戦線に投入して、勝利した。すなわち日露戦争で、ロシア軍は旧式のマキシム機関銃を使用し、日本陸軍は新式のホチキス機関銃を改良した保式機関銃を使用したのだ。両者を見比べれば明らかだが、手先の器用な日本人が改良した保式機関銃の方が、ロシア軍のマキシム機関銃よりなんとなく優美（？）である。こんなことは明治陸軍兵器史の基本中の基本であるから、乃木が機関銃を知らないはずがないではないか。

東鶏冠山と盤龍山の攻略戦

明治三十七年八月二十一日午前四時、総攻撃命令が下った。旅順要塞は、標高が最も高く、その名の通り旅順港全体を見渡せる中央の望台を東鶏冠山・二龍山・松樹山の三大永久堡塁が守り、東鶏冠山と二龍山の間に非永久堡塁だが重要堡塁の盤龍山が固めている。乃木軍は東鶏冠山と盤龍山を突破して、敵の急所望台を一気に攻略しようとしたのである。

東鶏冠山には善通寺第十一師団の高知第四十四連隊第二大隊が突撃したが、大隊長本郷源三郎少佐が胸に貫通銃創を受けて戦死した。

陸軍幼年学校、陸軍士官学校を通じて秀才の誉れが高かった本郷源三郎少佐はこの数日前、戦場で邂逅《かいこう》した親友と薄暗い部屋にランプを燈し、飯盒《はんごう》の蓋《ふた》で冷酒《ひやざけ》を汲み交わしたとき、「俺は『この戦いで死ぬ』という予感が確かにある。それも近々数日のうちだ。笑うなよ。御維新で良い時代になった。この時代のためなら俺は喜んで死ぬ。貴様も祝ってくれ。俺が死んだら『本郷は喜んで死んで行った』と伝えてくれ。いいか頼むぞ」

と語った。

こののち善通寺第十一師団の突撃はことごとく撃退され、東鶏冠山攻撃は失敗に終わる。

盤龍山へ向かった金沢第九師団の金沢第七連隊は八月二十一日朝に突撃を開始したが、ロシア軍の雨のような敵弾を浴び死傷者が急増、連隊長大内守静《しゅせい》大佐は「北陸健児ッ、我れに続けッ」と最先頭に猛進、機関銃弾二十八発を身に受けて壮烈な戦死を遂げ、大隊長も中隊長も全滅、兵士の死体が山を築いた。

この惨状に乃木は、日付が変わった八月二十二日午前五時、師団に退却命令を下す。

ところが生存兵は戦意旺盛で、退却命令が出ても退かず、工兵軍曹姫野栄次郎が午前十時三十分頃、砲弾孔や窪地を伝って敵陣ににじり寄り、爆薬を銃眼へ押し込んで爆破。これを機に金沢第七連隊の生存兵七十余人が突撃して敵塁内へ躍り込み、金沢第三十五連隊の残兵が応援に駆けつけると盤龍山堡塁に日章旗が上がった。

その後、ロシア兵が逆襲に転じたので堡塁内の日本兵約二百人は全滅の危機に瀕したが、盤龍山堡塁内の日本兵に機関銃二挺が届けられ、さらに敦賀第十九連隊第五中隊が機関銃二挺を持って盤龍山堡塁内へ突入し、盤龍山堡塁を死守した。

この第一回総攻撃について『坂の上の雲』はこう述べている。

「乃木軍がいよいよ第一回総攻撃をはじめたのは、八月十九日からであった……この攻撃が、弱点攻撃をもって対要塞戦の原則とするにもかかわらず、もっとも強靭な盤竜山と東鶏冠山をえらび、その中央を突破して全要塞を真二つに分断しようというほとんど机上案にちかい作戦をたて、実施した。この実施によって強いられた日本兵の損害は、わずか六日間の猛攻で死傷一万五千八百人という巨大なものであり、しかも敵にあたえた損害は軽微で、小塁ひとつぬけなかった」

しかし、「小塁ひとつぬけず」云々は、もちろんウソである。ともかくも乃木軍は、重要堡塁の盤龍山を占領したのである。

望台に取りつく

金沢第九師団の盤龍山占領で望台への進撃路が開かれると、八月二十三日、乃木は東鶏冠山を攻めあぐねる善通寺第十一師団から高知第四十四連隊と松山第二十二連隊を引き抜いて盤龍山堡塁に転進させ、望台を夜襲させた。

同日午後十一時、松山第二十二連隊の第十二中隊を率いた中隊長桜井忠温《ただよし》中尉は、ロシア軍の銃撃を浴びつつ望台に向かって進んだ。目指す望台が暗闇のなかにおぼろげに見えたそのとき、ロシア兵の山上からの銃撃で桜井中尉は右手を撃たれ、血潮がほとばしり出た。桜井中尉は三角巾で応急手当をすると軍刀の鞘を棄て、軍刀を左手に持ち替えて、飛び来る弾丸をものともせず、望台の斜面を駆け上った。

すると突如、堡塁上からロシア兵の黒い一団が喚声をあげて駆け下りてきて第十二中隊を取り囲み、機関銃を乱射、さらに迫って小銃・銃剣・白刃の激闘となった。桜井中尉は軍刀が折れ、左腕を銃弾に貫かれ、右足を撃たれ、ついに動けなくなった。

夜明けを迎え、気がつくと、泥にまみれた日章旗を握りしめたまま、兵士二人が傍らで息絶えていた。この二人の兵士は、望台に突入して日章旗を掲げた直後、ロシア兵の逆襲を受けて撃退され、斃れたのである。

ほどなくすると、近くに横たわっていた一兵士が、苦しそうに、涙声で、

「中隊長殿、水をください……」

と呻《うめ》いた。桜井が水筒の水を口に含ませると、兵士は砕けた両手を合わせ、

「南無阿弥陀仏、南無阿弥陀仏」

と二度唱えて、静かに息を引き取ったという。

望台に対する善通寺第十一師団の攻撃は、ことごとく撃退された。

八月二十四日午後四時、総攻撃中止が下令され、第一回総攻撃は失敗に終わったのである。

第八章　旅順第二回総攻撃

ナマコ山を占領しロシア軍艦を砲撃

乃木大将は、第一回総攻撃失敗から六日後の八月三十日の会議で各師団参謀長に対して、

「敵堡塁へ向けて塹壕を掘り進める。敵前五十メートルに突撃陣地を築き、突撃陣地の両端に機関銃を配置し、味方の支援砲撃ののち敵塁へ突撃する」

と伝達、さらに九月五日、伊地知参謀長は、

「ロシア艦隊を砲撃するため、敵艦隊を俯瞰できるナマコ山もしくは二〇三高地を占領したい」

と述べた。これは伊地知が東京第一師団参謀長星野金吾の建議を採用したものである。旅順湾を確実に見渡せるのは望台であり、次いで眺望を期待できるのは西方のナマコ山と二〇三高地である。


そこで乃木軍は、攻撃目標をナマコ山・二〇三高地および龍眼北方堡塁・水師営堡塁と定め、攻撃路開削に十八日間を当て、攻撃開始予定日を九月十九日とした。

乃木軍の攻撃路掘削工事は九月一日から開始された。まず日中、工兵科将校が敵の弾雨を冒して斜面を進み、杭を打ち、糸を張る。そして夜間、二十〜三十人の兵士がロシア軍探照灯を避けながら土嚢を担いで山腹を進み、張られた糸に沿って並べて逃げ帰る。この土嚢を盾にして地面を掘り進め、掘り出した土砂は攻撃路前に積んで胸壁とした。上方のロシア軍から射撃

を浴びるので、それを避けるため攻撃路はギザギザの稲妻形となり、先端には突撃陣地が設定された（これはフランス元帥ヴォーバンが一七〇三年に著した『要塞攻囲論』に基づいて乃木軍が編み出した戦術である）。

こうして攻撃開始四日前の九月十五日までに、攻撃路は龍眼北方堡塁の手前百メートル、水師営堡塁の鉄条網近く、ナマコ山堡塁の手前二百メートルまで掘削された。

九月十九日夕刻、完成した攻撃路を縫って金沢第九師団が龍眼北方堡塁を、東京第一師団が水師営堡塁とナマコ山と二〇三高地を攻撃した。

金沢第九師団は龍眼北方堡塁に突撃を重ね、二十日午前五時三十分に占領、水師営堡塁を攻撃した東京第一師団は二十日午前十一時五十分に水師営堡塁を攻略、続いて二十日午後五時三十分には、ナマコ山を占領した。

しかし二〇三高地の攻略は失敗した。東京第一師団が十九日夕刻から攻撃を開始したのだがロシア軍銃砲火に阻まれ、二十日も二十一日も二十二日も突撃は撃退されたのだ。それでも、乃木軍は作戦成功と判断した。四目標のうち龍眼北方堡塁・水師営堡塁・ナマコ山を占領し、ナマコ山を観測点とする敵艦砲撃が可能となったからである。

九月三十日、砲床構築班長横田穣《みのる》大尉が九日間で据え付けを完了した二十八センチ榴弾砲

（東京湾要塞から運ばれてきたもの）がナマコ山からの観測で砲撃を開始すると、旅順湾内の戦艦「ペレスウェート」に九発が命中した。ロシア軍艦はナマコ山から死角となる白玉山沖へ移動したが、十月二日から三十日までに戦艦「レトウィザン」「セワストポリ」「ポルタワ」「ポベーダ」に命中弾を与え、旅順ロシア艦隊を無力化することに成功した。

雌雄を決した二十八センチ榴弾砲

ドイツ・メッケル軍学の陥穽

明治二年に発足した日本陸軍は当初、理数系科目を重視し、技術教育を主とするフランス式軍制を採用した。

だがフランス陸軍が明治三年の普仏戦争でプロシア陸軍に惨敗したため、軍制をフランス式からドイツ式へ転換することとなり、ドイツ陸軍大学の教官だったメッケル少佐が明治十八年三月に来日した。

ドイツ軍人メッケルは軍制度・軍教育などの専門家であり、明治陸軍はメッケルの進言を受けて明治二十一年五月に鎮台を師団に改編、これにより師団は所在地に関係なく容易に移動し独立して行動できるようになる。これは、メッケルの功績である。

しかしメッケルは自己顕示欲の強い男であり、部隊指揮官としての実戦経験はほとんどなく、軍人としての能力はせいぜい一個連隊を率いる程度のレベルだった。これを悟られまいと虚勢を張ったことが、我が陸大教育を偏頗《へんぱ》のものにする――。

メッケルは陸軍大学で第一期生の井口省吾砲兵大尉・長岡外史歩兵中尉・藤井茂太砲兵中尉（のち黒木第一軍参謀長）ら十五名、第二期生の落合豊三郎（のち奥第二軍参謀長）ら十四名に参謀教育を行なった（陸大校長だった児玉源太郎は聴講生として講義を受けた）。

メッケルは学生を率いて各地を巡り、夜に宿題を出して翌朝から現地で演習を行なう「参謀旅行」に力を注いだ。が、この演習はかなりギクシャクしたものだった。師団長役の学生が前線指揮官役の学生に師団長命令を発すると、前線指揮官役の学生は、

「そんな命令では勝てない」

と前線指揮官役を辞退。代わりに前線指揮官役を任じられた学生も、

「こんな命令は無意味だ」

と前線指揮官役を拒否したりした。

これは日本的風景である。日本では、上官命令が適切で上官が率先しない限り将兵は動かない。だから日本人将校は戦況を的確に判断して適切な命令を下し、率先して最も危険な陣頭に

立つのだ。「指揮官先頭の原則」である。だがメッケルは、この日本の武士道的風習が不満で、「どんな不適切な命令でも部下は絶対服従すべき」という考えだった。メッケルが演習の前提として、

「ただいま古河の軍司令部から電報が届いた」

というと、師団長役の学生は、

「当地と古河の間に電信線などない！」

とメッケルに噛みついた。当時の陸軍大学の生徒たちは「現実に即して考える」という常識的な発想を持っていたのだ。

しかしメッケルは空想を使った演習にこだわり、こんな陸大学生に激怒し、「上官命令を批判し、服従を拒み、はなはだしきは悪罵・漫言。なんたる不軍紀。むしろ日本の陸軍大学校は閉鎖した方がよい」（『将軍長岡外史』）

といい放った。さらにメッケルは、

「私にドイツ陸軍一個師団があれば、日本陸軍全軍を一気に撃滅してみせる」

と豪語したので、こうしたメッケルの傲慢な態度に憤慨する学生も少なくなかった。

現地演習で前線司令官役となった学生の工兵中尉榊原昇造は、メッケルから無能と面罵されると、

「小官を無能とは何事であるかッ、教官といえども侮辱は許さんぞッ」

と激怒し、腰の軍刀を引き抜きメッケルに斬り掛かった。突然の出来事に日本側教官小川又次大佐が大喝一声して制止し、榊原昇造中尉は即日退学を命じられた。


メッケルの功罪について『仙台陸軍幼年学校史』は、

「大場弥平少将はメッケルの教育に批判的だった。メッケル教育は陸軍大学の伝統となったが、日露戦争において早くも行き詰まり、大東亜戦争に至って大場弥平少将の非難が的中したようである」

と評している。また昭和十八年に陸大校長に就いた飯村穣《じょう》中将はメッケルを、次のように酷評している。

「日露戦争までの連隊長以上の日本陸軍の将帥は人柄も良く、戦さもうまかった。ドイツ流の理論兵学を誇りわがまま勝手をしたメッケル流の風潮が、わが陸軍大学に導入されてから、陸大出身の将帥は、前者に比して、見劣りするようになった。メッケルは少将以上には進級できなかった奇癖のある人であった……メッケルは一つの弊風を陸大教育に残したと思っている。それは白を黒と言いくるめる議論達者であることを意思強固なりと推奨したということではないか。私は弁護士養成のような陸大教育に疑問を抱き、武将は聞き上手になるべきで、議論上手になってはいけないと思っていた。この議論上手は敗戦の一因となった」(『帝国陸軍の本質』)

こののち性格偏頗なメッケル流に染まった軍人らが陸大を卒業して大本営参謀となり、太平洋戦争で日本人軍民三百十万人を無益な死に追いやるのである。その惨憺たる敗戦ののち、『仙台陸軍幼年学校史』は、

「(ドイツ軍学の作戦思想は)大陸国家としてのドイツ陸軍の建前であって、(海洋国家である)日本の作戦思想とすべきものではなかった。日本としては、海洋的な見地から、陸海軍一体の作戦を考えるべきではなかったか」

と自省を込めて記している。

しかるに司馬遼太郎は何を勘違いしたのか、メッケルについて、

「以前に触れたプロシャ(ドイツ)陸軍の参謀将校メッケル少佐である。その着任は明治十八年三月十八日で、それ以前から、

——智謀神ノゴトシ。

というらわさが、すでにきこえていた。余談ながら、のちに日露戦争を勝利にみちびいた日本軍の高級参謀将校のほとんどがメッケルの門下生であり、メッケルの在任は明治二十年前後のわずか数年の期間ながら、その門下生たちはよくその教えをまもった。のち、この間のことが極言されて、

『日露戦争の作戦上の勝利は、メッケル戦術学の勝利である』

とさえいわれたほどであった」(『坂の上の雲』)

と礼讃した。さらに、

「明治時代がおわり、日露戦争の担当者がつぎつぎに死んだあと、日本陸軍がそれまであれほど感謝していたメッケルの名を口にしなくなったのは戦勝の果実を継いだ——たとえば一代成金の息子のような——者がたれでももつ驕慢と狭量と、身のほどを知らぬ無智というものであったろう」(『坂の上の雲』)

と書き、太平洋戦争の敗因は、

「日露戦争の後、日露戦争勝利の恩人であるメッケルの教えを忘れた驕慢と狭量にある」

としている。

メッケルは日露戦争が始まる前、

「日本陸軍には私が育てた児玉がいる。児玉がいる限り日本はロシアに勝つであろう」

と述べた。また日露戦争が日本の勝利に終わったあと、参謀らが、

「日露戦争に勝てたのは、メッケル少佐が我らを指導してくれたおかげであり、日露戦争の勝利はメッケル軍学の勝利である」

と吹聴した。しかしこれは、「メッケル一門の家元が弟子をたたえ、弟子が家元を崇拝した」

という内輪話に過ぎない。こうした手前味噌に何ら意味はない。

ヴォーバンの対要塞戦術

実はメッケル流ドイツ軍学の最大の欠陥は、要塞攻略法を持たないことである。軽快な機動戦を提唱したメッケル軍学は、大平原で戦われた普仏戦争で鈍重なフランス野戦軍を壊滅させたことを戦訓としている。

このため、メッケル流ドイツ軍学には、ロシア軍の旅順要塞やフランス軍のヴェルダン要塞など近代要塞を攻略する方策がまったくなかった。これが最大の欠陥だったのである。

だから乃木軍の工兵科の将校は後述するようにメッケル流ドイツ軍学を評価せず、逆に「落ちない城はない」と断言したフランス元帥ヴォーバンの要塞攻囲論を規範としたのだ。

かつて戦国時代に陣地の構築などに当たった工兵は「黒鍬者」と呼ばれ、足軽より低い身分だった。明治期の工兵も軍隊での地位は低く、

「工兵出身はどんなに出世しても中将止まり」

といわれたりした。それでも明治期の工兵は、

「近代戦は歩兵の機動戦から要塞戦へ移行している」

と確信し、

「土木技術を磨いて国軍の根幹を担うのだ」

という心意気に燃えていた。

工兵中尉榊原昇造もその一人で、ドイツ軍学を否定して要塞戦を重視するフランス陸軍の土木工学理論を学んでいたのだ。だからメッケルから侮辱されるや、

「近代戦が歩兵の機動戦から要塞戦へ移行していることも知らず、旧態依然たる時代遅れの歩兵の機動戦を自慢するお前のようなバカから無能呼ばわりされるいわれはない」

と激怒して、腰の軍刀を抜き払ったのである。


第一回総攻撃失敗のあと、乃木軍の工兵科の将校たちは、明治七年に工兵科が創設されたときに作成された坑道戦教本や海外文献類を取り寄せて、旅順の地形に合わせて設計図を引くなど、対要塞戦術を研究し始める。この研究を指揮したのは、榊原昇造大佐である。彼は、乃木第三軍の工兵部長になっていたのだ。

八月三十日の乃木軍の作戦会議で、工兵科の将校らが「ヴォーバンの戦術を採用すべし」と主張したところ、反対意見が噴出し、議論は六時間にもおよんだ。だが乃木が最後に、

「敵に補充の途なく、我が軍は補充の道を存す。ゆえに正攻の確実なるを要す」

といって、工兵科側に軍配を上げた。

こうしてお墨付きを得た工兵科の参謀たちはさっそく攻撃路掘削工事を開始し、前述のとおり旅順湾砲撃を成功に導くのである。

しかるに司馬遼太郎は、乃木軍がヴォーバンの正攻法を採用して龍眼北方堡塁・水師営堡塁・ナマコ山を占領し、ナマコ山を観測点としてロシア軍艦を砲撃したことを無視して、

「要塞攻撃については、すでにフランスのボーバンが樹立した大原則があった。まず、攻撃側が、攻撃用の砲台を構築することであった……ボーバンの戦術では、その攻撃用砲台をつくるだけでなく、歩兵の生命をまもるために平行壕を掘る。最後には坑道を穿って敵の外壁を地下から爆破する。それによって外壁を占領し、ついで胸墻を爆破し、しかるのちに突撃態勢に入るのが原則であり、この当時世界の陸軍における常識になっていた。

『それ以外に方法は無い』

と、ボーバンは断言していたし、欧州における多くの戦例がそれを証明していた。もっとも、乃木軍はこの『正攻法』をとらなかったわけではない。不徹底ながらも第二回総攻撃はこの正攻法を併用したということはすでに触れた。塹壕を掘ったり、またさまざまな方面から敵の堡塁にむかって坑道を掘ったりしたが、しかしロシアは要塞を守る戦いにかけては世界一というべき戦闘技術をもっており、この程度の幼稚な坑道作戦に対しては適切に手をうち、妨害し、こ

のためあまり功を奏さなかった」(『坂の上の雲』)
　などと史実に反したことを書き連ねている。

P堡塁(一戸堡塁)を占領

　話は少し遡るが、旅順第二回総攻撃前哨戦の前日、満州軍総参謀長児玉源太郎が乃木軍司令部に現われ、伊地知参謀長から前哨戦の作戦計画の説明を受けた。児玉は戦況視察のため九月十五日に遼陽を発って旅順にやって来たのだ。伊地知が、

「ロシア艦隊を砲撃するため敵艦隊を俯瞰できるナマコ山・二〇三高地を主目標とし、龍眼北方堡塁・水師営堡塁をも占領する」

　と述べて児玉に意見を求めると、児玉は、

「とくに意見はない」

　といって伊地知の作戦計画を承認した。そして前述のとおり乃木軍は九月二十日にナマコ山・龍眼北方堡塁・水師営堡塁を占領するのだ。

　この戦果を確認した児玉は、大山巌総司令官に次のように打電した。

「我が軍としては、二龍山・松樹山の二堡塁を完全破壊して占領し、その一点より大突撃を行

ならうほか妙案なしと信ず」（九月二十八日付報告書）

ちなみにこの報告書は東京の山県有朋参謀総長への同日付電報で回付されているから、トップレベルで合意されたものである。乃木に裁量権はなく、児玉の意向で、第二回総攻撃は、「東北正面の望台を突破し、旅順市街へなだれ込む」

と決まったのだ。

第二回総攻撃の開始日は十月三十日、攻撃目標は三大永久堡塁の松樹山・二龍山・東鶏冠山および非永久堡塁のP堡塁とされた。P堡塁は東鶏冠山と盤龍山の間にある重要堡塁である。攻撃担当は東京第一師団が松樹山、善通寺第十一師団が東鶏冠山とされ、P堡塁と二龍山には金沢第九師団が部署された。

そして夜間、ロシア軍探照灯の合間に堡塁へ向けて攻撃路を掘り進め、P堡塁は鉄条網の手前百六十メートルまで、松樹山は敵散兵壕の手前百メートルまで、二龍山は外壕の手前まで掘進し、その先端に突撃陣地を設けた。

東鶏冠山への攻撃路は、当初、P堡塁などと同様、斜面を掘り進めていたが、やがて斜角が大きくなったため地下坑道へ移行し、十月二十七日には要塞の地下外壁に到達した。ところがこの外壁は厚さ二メートルのベトン（コンクリート）壁で、工兵による爆破作業は成功せず、東鶏冠山へは歩兵が外壕を乗り越えていくしか方法がなかった。

十月二十六日より砲撃を開始し、松樹山に約七百発、二龍山に約千百発、東鶏冠山に約千二百発の二十八センチ榴弾砲弾を撃ち込むと、ロシア軍陣地は爆煙に包まれ、辺りにもうもうたる土煙が立ち上った。これを見た乃木軍司令部は「目標は破壊され歩兵の突撃は容易」と判断した。

十月三十日午後一時、乃木大将は第二回総攻撃を下令。

まず東京第一師団が松樹山に突入した。だが外壕の深さが七・五メートルもあり、突撃隊員は土嚢を投げ込んで壕底へ飛び降り、反対斜面を登ろうとしたが、機銃掃射を浴びて全滅した。

二龍山へ向かった金沢第九師団も外壕を埋めるべく土嚢を投入したが、量が足りず、ロシア軍の銃撃で死傷者が続出し、外壕を渡れぬまま後退した。

東鶏冠山を攻撃した善通寺第十一師団は、携帯橋（折り畳み式の徒橋）で外壕を渡ろうとしたが、三方から銃砲火を浴びて全員が死傷し、外壕を越えることはできなかった。

P堡塁を攻撃する金沢第九師団は、匍匐《ほふく》前進した工兵がロシア軍鉄条網に爆薬筒を投げ入れて幅約二十メートルの間隙を開削、突撃隊がそこを通ってP堡塁に突入したが、夜に入ってロシア兵三百余人が逆襲に転じる。このため隊員は苦境に陥ったが、一戸《いちのへ》兵衛第六旅団長が自ら斬り込み、十月三十日夜十二時頃、P堡塁を死守した。P堡塁はこの一戸兵衛の軍功を記念して、一戸堡塁と命名される。

だが奮闘空しく、夜が明けた三十一日午前八時、攻撃中止となり、第二回総攻撃も失敗に終わる。

この第二回総攻撃について『坂の上の雲』は、

「乃木軍はその攻撃法を変えず、第二回目の総攻撃をやった。おなじ結果が出た。死傷四千九百人で、要塞は微動だにしない」

「この突撃は、いたずらに人間を敵のベトンに投げつけただけにおわった」

「十月二十六日にも総攻撃をくりかえしたが、いずれも惨憺たる失敗におわった。作戦当初からの死傷すでに二万数千人という驚異的な数字にのぼっている。もはや戦争というものではなかった。災害といっていいであろう」

などと書いているが、「人間を敵のベトンに投げつけただけにおわった」とか、「もはや戦争ではなく、災害といってよく、要塞は微動だにしなかった」とかの指摘は事実とかけ離れている。

とにかくP堡塁の奪取には成功したのである……。

第九章　旅順攻略

児玉源太郎が東北正面攻撃を主張

明治三十七年晩秋、欧米の耳目は遼東半島の最先端、旅順に集まった。二度にわたる総攻撃で空前の犠牲者を出した乃木希典が、これを最後と、第三回攻撃を決意したからである。

繰り返すが当初の対露作戦計画は、

「主力の黒木第一軍・奥第二軍が遼陽でロシア軍主力を撃退する」

というもので、

「乃木第三軍の使命は竹矢来でも作って旅順ロシア軍を封鎖しておくこと」

だった。そののちバルチック艦隊の来航を恐れた海軍が八月上旬までに旅順を攻略するよう乃木第三軍に要求したので、乃木第三軍は第二回総攻撃前哨戦で九月二十日にナマコ山を占領し、ナマコ山を観測点とした砲撃で湾内のロシア軍艦を廃艦同然とした。乃木第三軍は、海軍の要望にすべて応えたのである。

しかし北満州でロシア軍が急速に増強され風雲急を告げてきたため、黒木第一軍・奥第二軍を支援すべく第四軍（司令官野津道貫大将）が明治三十七年六月に編成された。

そして総参謀長児玉源太郎は乃木第三軍に、

「旅順要塞の東北正面を主攻して大突撃により旅順要塞を完全に破壊したうえ、乃木軍は北進せよ」
と命じた。これにより乃木軍の使命は、
一、当初は、竹矢来でも作って旅順ロシア軍を封鎖しておくことだったが、
二、ナマコ山に加え二〇三高地を占領して、これを観測点にロシア軍艦を砲撃したうえ、
三、東北正面を主攻して旅順要塞を完全に破壊し、北進してロシア野戦軍と戦え。
と、要求が三段階にエスカレートしたのだ。

一方、早くから二〇三高地に注目していた海軍は、児玉の東北正面（松樹山・二龍山・東鶏冠山）攻撃に強い不満を持ち、十一月五日、伊集院五郎海軍軍令部次長が長岡外史陸軍参謀次長に、
「バルチック艦隊は年内にも極東へ来航するので、いますぐ（二〇三高地を占領して）旅順湾内を攻撃してほしい」
と訴え、長岡参謀次長は井口省吾満州軍高級参謀に十一月六日付電信で、
「二〇三高地を占領して、観測所を設け、旅順湾内のロシア軍艦を全滅すべきである」

と具申した。だが児玉は山県有朋参謀総長への十一月七日付返電で、

「作戦の根本計画を変更して（乃木軍が）二〇三高地攻略を主旨とするを欲せず」

と拒否した。このため東京の山県参謀総長・長岡参謀次長・伊東祐亨軍令部長・伊集院軍令部次長は、十一月九日午前一時発の参謀総長電報で、満州の大山巌総司令官に、

「乃木軍は二〇三高地を主攻し、観測所を設けて、敵艦を砲撃すべし」

と要望したが、児玉は大山総司令官名の十一月九日付電信にて、

「二〇三高地は、旅順の死命を制するものにあらず。（乃木軍の）東北正面攻撃計画を変更し攻撃目標を二〇三高地など他に選定する余地は存せず。現在の計画に従い、（乃木軍に）東北正面攻撃を鋭意果敢に実行せしむるを最捷径とす」

とキッパリ拒絶した。

そこで長岡外史は山県有朋に働き掛け、十一月十四日に御前会議を開催、大山巌に、

「乃木軍に二〇三高地を攻略させ、ロシア軍艦を砲撃させるよう」

電信で通達した。しかし大山は御前会議決定にも従わず、十一月十六日付返電で、

「東北正面を突破して敵急所の望台を攻略する。攻撃力を二〇三高地と望台に二分すれば、いずれも落とせない」

と回答、二〇三高地への攻撃を拒否した。

要するに東北正面攻撃は乃木ではなく、大山巌と児玉源太郎の意向だったのである。

しかし司馬遼太郎は話を次のようにすり替えている。

「乃木軍幕僚たちが会議をするたびに、

『海軍はあせりすぎている。陸軍には陸軍のやり方があるのだ』

と、問題を、大戦略という高次元から、陸海軍対立という低次元へひきさげてしか、物事を考えたり言ったりすることができなかった。そのために海軍が主張しつづけている二〇三高地への主力攻撃を乃木軍司令部は拒否つづけてきた」

「乃木軍の作戦のまずさとそれを頑として変えようとしない頑固さは、東京の大本営にとってはすでにがんのようになっていた。事は簡単なはずであった。

『攻撃の主力を二〇三高地にむければよいのだ。それだけのことが、なぜできないのか』

ということである。二〇三高地さえおとせばたとえ全要塞が陥ちなくても、港内艦隊を沈めることができ、旅順攻撃の作戦目的は達することができるのである。兵力を損耗することもよりすくなくてすむであろう。

望台山頂のロシア軍要塞

『二〇三高地を攻めてくれ』

と、大本営ではさまざまな方法で、乃木軍司令部にたのんだ」

「海軍にすれば二〇三高地の頂上に立てば旅順港を見おろせる。そこに観測兵を置いて港内の軍艦を海軍重砲で砲撃すればそれで旅順の残存艦隊は消える。東郷艦隊はそれでやっと佐世保に帰ってドックに入り、バルチック艦隊を待つ準備ができるのである。が、乃木軍はそれを承知しない」

「『攻撃の主目標を、二〇三高地に限定してほしい』

という海軍の要請は、哀願といえるほどの調子にかわっている。二〇三高地さえおとせばいい、そこなら旅順港を見おろすことができるのである。大本営（陸軍部）参謀本部もこれを十分了承していた。参謀総長の山県有朋も、よくわかっていた。ただ現地軍である乃木軍司令部だけが、

『その必要なし』

と、あくまでも兵隊を要害正面にならばせ、正面からひた押しに攻撃してゆく方法に固執し、無意味に死地へ追いやりつづけている。無能者が権力の座についていることの災害が、古来これほど大きかったことはないであろう」（『坂の上の雲』）

すなわち、攻撃目標を二〇三高地へ変更しないのは乃木司令部である、と主張しているのだ。

これは史実に反する真っ赤なウソであり、二〇三高地への攻撃目標変更を拒否し東北正面攻撃方針を断固として改めなかったのは、児玉源太郎と大山巖である。

明治三十七年十一月、国民の間から「乃木を更迭すべし」の声が沸き上がる。

国内、なかんずく東京第一師団のお膝元、東京では、戦死の通知を受けて黒布付き国旗を掲げる家庭が異常に増加。補充兵の召集が絶え間なく、若い男子が減って人力車の車夫は老人ばかりとなった。「乃木切腹」「乃木辞任」を要求する軍への投書は二千四百余通にのぼり、乃木の留守宅に投石や罵声を浴びせる市民の姿が増え、十一月十七日朝には一人の青年将校が乃木邸の門前に立ち、

「乃木のノロマめ。何をまごついておるか！　我々が兵隊を作ってやれば、片っ端から殺しおって。自分は武士だ、侍だ、と豪語するくせに、いまなお生きておるではないか。真の武士なら潔く切腹せよ！」

と叫んだ。

こうしたなか満州軍高級参謀井口省吾は参謀次長長岡外史に書簡を送り、次のように要求した。

「旅順の始末つきたる後の（乃木）第三軍の処置については、（児玉源太郎）総参謀長において

もご同感に候。第三軍の司令（乃木希典）は本国へ帰還せしめて復員・解散せしめ、北方のためには新たに司令部を起こすのが宜しかるべき」（『長岡外史関係文書、書簡・書類編』）
これを止めたのが、明治天皇である。
「乃木を替えてはならぬ。そのようなことをしたら、乃木は生きておらぬであろう」
と発言。この話が伝わると乃木更迭の論議は沙汰やみとなる。

二〇三高地へ攻撃目標を転換

第三回総攻撃八日前の十一月十八日、軍司令部に各師団長が会すると、金州・南山戦・旅順攻防戦で膨大な犠牲を払い、眼前で多数の部下が斃れゆく姿を見て精神の変調をきたした東京第一師団長松村務本《かねもと》中将（旅順攻略一カ月後の明治三十八年二月四日に脳溢血により五十四歳で急死）が、重苦しい雰囲気のなかで、

「東京第一師団を基幹とする三千百余人の夜襲決死隊を編成し、敵味方識別のため白木綿の襷《たすき》をかけ小銃を射撃せず銃剣のみで松樹山を突破し水師営南方から旅順市街へ突入する」

という肉弾突撃戦術を意見具申した。白襷隊である。この無謀過ぎる突撃戦術に乃木軍幕僚の誰も首を縦に振らなかったが、他に妙案もなく、その場の気運に流されて決定されてしまう。

十一月二十六日午後一時、第三回総攻撃は開始された。

東京第一師団は松樹山へ、金沢第九師団は二龍山へ、善通寺第十一師団は東鶏冠山へ、敵前数十メートルに設営された突撃陣地から一斉に突撃、たちまち日露両軍入り乱れての銃声と喚声が天地に響きわたる。

だが松樹山を攻撃する東京第一師団は外壕へ降りて胸墻に迫った途端、小銃の乱射を浴びて死傷多数、猛烈な銃砲火に身を伏せるばかりとなる。

二龍山を攻撃した金沢第九師団は外壕へ達するまでに銃砲撃を浴びて死傷者が続出し、先陣の敦賀第十九連隊が全滅した。

東鶏冠山へ突撃した善通寺第十一師団の攻撃も失敗する。

総攻撃が頓挫した同日夜、総勢三千百人余の志願兵からなる白襷隊が夜襲を開始、鉄条網を越えて敵散兵壕へ突入したが、探照灯に照射され一瞬のうちに撃ち殺され、日付が変わった二十七日午前一時頃、全滅した。

最後の総攻撃も失敗に終わるかと思われた二十七日払暁、乃木は突然、東京第一師団の星野金吾参謀長に、

「二〇三高地攻撃に成功の目処《めど》はあるか？」

と問うた。すると以前から二〇三高地主攻論者だった星野大佐が、

「いままでの攻撃は、二〇三高地攻撃のため強大な牽制（フェイント攻撃）を行なったように見える。いまから二〇三高地を攻撃すれば、成功の見込は充分にある。重砲の準備が整えば、第一師団はただちに突撃を敢行したい」

と即答した。乃木はこれを受けて、二十七日午前十時、

「二〇三高地を攻略せんとす。第一師団は日没から突撃すべし」

と伝達、ただちに砲兵隊に二十八センチ榴弾砲による二〇三高地への砲撃を命じた。

この日、乃木は日記に一行だけ書いている。

「二〇三攻撃ヲ第一師団ニ命ズ」

と。

二〇三高地を占領

二〇三高地は、山頂が西南部と東北部と二つに分かれ、いずれも鉄条網・散兵壕を敷設して堡塁化されていた。乃木軍は二十八センチ砲弾八百発、十五センチ砲弾三百発を撃ち込み、ロシア軍散兵壕の約半分と山頂西南部の横墻すべてを破壊した。

十一月二十八日、東京第一師団の後備第十五連隊が先鋒となって鉄条網を越え、斜面を押し登り山頂西南部を占領した。なおこの後備連隊とは、現役兵を勤めあげたあと予備役になったのち、緊急時に後備兵として再召集された年配の兵により構成された部隊である。彼らは、「妻子持ちの者も多く、意気盛んな現役兵のような戦闘はできない」

とされ、後方警備など補完的役割を担っていた。いわば補欠の補欠である。

軍隊で最も重要なのは敵陣に斬り込む先鋒部隊だから、後備連隊が先鋒に投入されることはない。しかし東京第一師団は金州・南山戦やこれまでの旅順攻撃で現役兵がほとんど斃れ、兵力不足になっていたため、補欠の補欠である後備連隊が二〇三高地攻撃の先鋒となり、山頂西南部を占領するという殊勲を挙げたのだ。

そこで後備連隊に加勢するため、東京第一師団・東京第一連隊の第一次突撃隊が午後一時四十分に出撃した。これはなけなしの現役兵の精鋭部隊である。東京第一連隊旗手兼記録係猪熊敬一郎少尉はこのときの模様を次のように記している。

「突入すべき決死隊を募ったが、みずから申し出る者は居ない。仕方ないから指名したのである。壕を出れば、即ち、死である。国のため捧げた身体なので死は覚悟している。しかし攻略成功が覚束無い死は、心細いではないか。肉体を弾丸に代えて、鉄と火の中へ突入するのである。指名された者は、『自分が死んだら、これを何処へ送ってくれよ』などと、戦友に仔細に頼んで出撃して行った」(『鉄血』)

　彼らは、

「突撃隊ッ、前へッ」

　と号令が掛かるや陣地から飛び出し、鉄条網までの数十メートルを驀進、しかし、ロシア軍の機関銃・小銃の乱射を浴びて全滅した。救援を待つ戦友たちの眼前で、撃たれ、倒れ、激痛に喘ぎ、一人残らず死んだのである。この有様を猪熊敬一郎は、

「ああ惨劇！　虐殺以上の惨劇！　敵の鉄条網に至る数十メートルの地面は瞬時に、わが兵の死体を以って蔽われ、尺寸の地も余さざるに至った。正視するに忍びず。眼を掩いて戦慄した。これは人間の世界ではない。眼に見えるものは血と火である」(『鉄血』)

　と描写している。

　東京第一連隊の突撃が失敗に終わると、山頂西南部で彼らの来援を待ち望んでいた後備第十五連隊も、日付が変わった二十九日午前零時三十分頃、ロシア兵の逆襲を受け全滅してしまう。東京第一師団はついに、戦闘力を失ってしまったのだ。

　そこで乃木大将は東京第一師団の残兵を新着した旭川第七師団に組み入れ、三十日午前十時から第七師団と第一師団の残兵が突撃したが、ロシア軍銃砲火を浴びて頓挫、やむなく夜襲に賭けることとし、日没を待った（この日、乃木大将の次男乃木保典《やすすけ》少尉が頭部に銃弾を受けて

戦死)。

午後九時頃、第一師団の残兵と第七師団の旭川第二十八連隊が夜襲を敢行、ロシア軍銃砲火を浴びながら突進し、二〇三高地山頂の西南部と東北部を占領した。しかし、日付が変わった十二月一日午前一時頃、ロシア兵の逆襲を受けて山頂東北部から撃退される。

日本軍が確保できたのは、二〇三高地山頂の西南部のみである。五日間の攻防戦で日本軍将兵の死傷者は七千人を越え、二〇三高地の赤茶けた斜面が麓から頂上に至るまで、日本軍戦死者の軍服で黒一色に染まったという。

十二月二日午後、作戦指導のため乃木司令部に到着した児玉源太郎が、山頂西南部に参謀白《しろ》水《うず》淡《あわし》中佐と参謀岩村団次郎中佐を派遣。両中佐が山頂西南部から観望すると、湾内に残存のロシア軍艦がくっきりと見えた。

児玉は二〇三高地の完全占領を決意して重砲による砲撃を下命、同月五日、旭川第七師団の残存兵が午前十時に山頂西南部へ辿り着き、さらに午後一時四十五分には山頂東北部を再占領した。そこでただちに山頂に観測所を設けて二十八センチ榴弾砲で砲撃すると、戦艦「ポルタワ」「レトウィザン」「ペレスウェート」「ポベーダ」、巡洋艦「パラーダ」が沈没、湾内の旅順艦隊は全滅した。

このことについて『坂の上の雲』は、

「児玉は、二〇三高地占領がほぼ確定した（十二月五日）午後二時、みずから有線電話にとりつき、山頂の将校にむかって電話した。

『旅順港は、見おろせるか』

この点、ながく疑問とされてきた……受話器に、山頂からの声がひびいた。

『見えます。各艦一望のうちにおさめることができます』

児玉は受話器をおろした。かれの作戦は奏功した。あとは、山越えに軍艦を射つことであった」

と述べている。

すなわち二〇三高地から旅順湾内のロシア軍艦がくっきりと見えることがわかったのは乃木軍・旭川第七師団が二〇三高地を占領した十二月五日のことなのだ。

司馬遼太郎はこれまで何度も繰り返して、

「二〇三高地さえおとせば、ロシア艦隊を沈めることができ、作戦目的は達する」

といい、乃木司令部を馬鹿だ無能だと罵倒してきたのだ。しかし、

「二〇三高地からロシア艦隊がはっきり見えるか、否か」

は、占領してみるまでわからないのである。旅順湾を見渡す最も眺望の良い高地は東北正面の望台であり、次が二〇三高地で、第三位がナマコ山である。そこまではわかっている。

だが二〇三高地の眺望が、第一位の望台に匹敵するほどの眺望なのか、第三位のナマコ山と同程度の限られた眺望なのか。これは占領してみなければわからない。もし、「二〇三高地を主攻して、占領してみたが、眺望はナマコ山とさほど変わらない」という結果になったら大チョンボだ。それなのに司馬遼太郎は「二〇三高地の眺望は望台のように優れているはずだ」と勝手に決めつけ、「二〇三高地さえおとせば港内のロシア艦隊を沈めて作戦目的は達する」と断言した。

繰り返すが、長く疑問とされてきた「旅順港は見おろせるか」という問題は、二〇三高地占領がほぼ確定した午後二時、山頂の将校からの声が受話器にひびいて、わかったのである。それなのに、なぜ二〇三高地占領以前に、「二〇三高地さえおとせば旅順港を見おろすことができる」と断定したのか、私は不思議でならない。

秋山真之への乃木司令部の怒り

前述のとおり、黄海海戦のとき、参謀秋山真之は艦隊決戦という華やかさに酔いしれ、満身創痍のロシア戦艦を旅順湾前で全艦撃沈する追撃戦を怠った。日本海軍は、仮にロシア旅順艦隊が防備の弱いウラジオストクへ逃げ込むのを許すとしても、防備の固い旅順湾へ逃げ込ませてはならなかったのだ。

それによって旅順要塞に対する陸軍の肉弾攻撃が必要になり、乃木第三軍は五万九千余人の死傷者を出す。

しかも秋山は乃木第三軍に対し、

「旅順攻略に四、五万の勇士を損ずるも、さほど大いなる犠牲に非ず。国家存亡に関すればなり。眼前（の日本将兵の）死傷の惨状は眼中に置かず、（乃木第三軍は）全軍必死の覚悟をもって、この目的達成に努むるほか、他に策あるべき筈なし」（『乃木第三軍岩村団次郎中佐宛明治三十七年十一月三十日付書簡』）

と要求した。鉄壁に卵をぶつけるような肉弾攻撃を強いられた乃木軍司令部の憤怒はここにある。乃木軍からすれば、

「どの口でいうのか」

である。

この不満が、その後の陸海軍に暗い影を落とす。

昭和十一年二月二十六日、東京第一師団の青年将校が斎藤実《まこと》海軍大将、岡田啓介海軍大将、鈴木貫太郎海軍大将ら海軍の重鎮を襲撃する。「二・二六事件」である。二・二六事件の底流には、海軍セクショナリズムによって陸軍将兵に多大な犠牲を強いた海軍に対する憎悪があった

のだ。

海軍の都合を優先して陸軍に多大な人的犠牲を強いた秋山真之を私は、名将とも名参謀とも評することはできない。

コンドラチェンコ少将戦死

十二月十日、乃木は、第三軍の爾後の方針を、

「多少の時日を費やすも、確実な方法で、我が損害を減じ、朝に一塁を、夕べに一塁を奪って、逐次、各堡塁を攻略する」

と下命した。二〇三高地を占領して旅順湾内のロシア軍艦を全艦沈没させた以上、旅順要塞への攻撃を急ぐ必要はなくなったからである。

そんななか、十二月十二日早朝、二龍山堡塁の爆破作業を進める金沢第九師団の工兵陣地に、ロシア軍の二龍山堡塁からハンカチに包まれた小石が投げ込まれた。

偽装手榴弾か？

おそるおそる開いてみると、五ルーブル金貨二枚と、次のようなロシア語の手紙が出てきた。

「包囲軍将校に懇願する。次の電報を、私の母に発信していただきたい。電文は、『私は元気で

す。安心して下さい。ピョートル』。費用は、同封の金貨で、お願いします」

これを読んだ金沢第九師団長大島久直中将は、「彼の母親を安心させてやろう」と電信を指示、不足分の費用は自分が負担して、上海経由で発信させた。

数日後、その旨を伝えるため同じように小石を使って二龍山堡塁内へ投げ返すと、再び、返信が届き、

「我が母とともに、厚く感謝する。ピョートル」

と書いてあった。ロシア兵士ピョートルはその後、地獄の戦場を去って無事帰郷し、最愛の母に会えたのか、否か？　私はピョートルの消息を、知り得ていない。


さて十二月十五日も、日本軍の二十八センチ榴弾砲は砲撃を続けている。

この日午後五時過ぎ、ロシア軍の旅順要塞防衛司令官コンドラチェンコ少将は将兵を激励するため東鶏冠山北堡塁へ向かい、午後七時三十分頃、地下士官室で、戦功のあった兵士数名に聖ゲオルギー勲章を授与し、抱擁した。そして彼が一同とウオッカを飲みかわそうとした途端、「来たぞーッ」の声があがると同時に頭上から列車の轟音に似た二十八センチ砲弾の飛来音が聞こえ、砲弾は地表を貫いて地下室内で爆裂、コンドラチェンコ少将は即死した。

コンドラチェンコ少将は陸軍工兵大学校を卒業した築城術・要塞戦の専門家で、日露開戦直

前に旅順へ赴任するや、大量のベトンを投入して旅順要塞を世界有数の大要塞に変貌させた。児玉源太郎が固執した東北正面攻撃は、コンドラチェンコが要塞を強化した時点で、不可能なものとなっていたのだ。

しかし、最も早い段階で、

「もはや旅順要塞の命運は尽きた」

と観念したのもコンドラチェンコである。九月十九日からの第二回総攻撃前哨戦で、ナマコ山を占領した乃木軍が二十八センチ榴弾砲の砲撃を開始したとき、コンドラチェンコの憂慮は現実のものとなる。コンドラチェンコは、

「自分が堅固な大要塞へ変貌させた旅順要塞の掩蓋の厚さは、最大十五・二センチ野砲による攻撃を想定して設計したもので、二十八センチ砲弾には耐えられない」

ことを知っていたのである。

ちなみに彼は、兵士たちからの人望も厚い名将だったが、長身の美男子で、女性にも人気があった。上官のステッセル中将の夫人は彼をとくに気に入り、何度となくモーションをかけていたようだ。ステッセルは出動のたびに、「妻とコンドラチェンコを二人だけにしないようにしてほしい」と部下たちに頼んでいた、という話が残っている。

旅順陥落

年が明けた明治三十八年一月一日午前七時三十分、金沢第九師団の第三十五連隊第三大隊長増田惟二少佐は静まりかえる望台を遠望し、

「獲れる！」

と直感、独断で突撃した。これを見た第十一師団の将兵たちもすかさずあとに続くと、まさか元日に日本兵が突撃してくるとは想像していなかったロシア兵は驚いて退却、同日午後三時三十分、ついに望台の山頂に日章旗が翻った。

これを見た旅順要塞司令官ステッセル中将は、

「ニ、モージェット、ブィチ（もはやこれまでだ）」

とつぶやいたという。

一時間後、乃木軍の前哨にステッセル中将の軍使が訪れ、降伏を告げる。明治三十七年八月二十一日から昼夜不断、力戦難攻して実に四カ月半後のことである。

一月五日、ステッセル中将は水師営を訪れ、弾丸痕も著しい農屋で乃木大将と相まみえる。通常、降伏側は軍刀を外すが、乃木はステッセルに帯刀を許すなど武士道精神に則り紳士的に接した。こうした乃木の振る舞いは、旅順陥落と併せて海外の記者により世界に報道され、賞讃

された。

ステッセルは、乃木軍砲兵が活用した二十八センチ榴弾砲の威力と、乃木軍工兵の果敢を絶讃し、乃木希典大将の二人の子息の戦死に哀悼の意を伝えた。さらに、

「東鶏冠山の丘にあるコンドラチェンコ少将の墓所を保護していただければ幸いである」

水師営の会見（中央が乃木、右がステッセル）

と要望、乃木が快く了承すると、ステッセルは、

「この戦役をもって日露紛争の終末とし、将来は、末永く、盟邦・良友として行動を共にしたい」

と手を差し伸べた。これに対して乃木も、

「予も、日露友好を望む。日露両国が結合すれば、天下に敵する者なからん」

と応えた。

休戦が発表されると、日露両軍の兵士たちは互いに抱き合って喜び、車座になって持ち寄ったウオッカと日本酒で酒盛りを開き、夜になると旅順市街を肩を組んで飲み歩いたという。

乃木軍は一月十三日に旅順市内へ入城した。そして翌

十四日、十三万人の兵員を投入して、五万九千余人の死傷者を出した乃木軍の招魂祭が、飛雪が舞う水師営高地で執り行なわれた。

午前十時、乃木希典大将が、魚や果物を盛った祭壇の前に進んで、祭文を朗読した。

「乃木希典等、清酌庶羞《せいしゃくしょしゅう》の奠《てん》を以って、我が第三軍殉難将卒諸士の霊を祭る。ああ諸士と、この栄光を分かたんとして、幽明相隔つ……悲しいかな。地を清め、壇を設けて、諸士の英魂を招く。こい願わくは、魂や、髣髴《ほうふつ》として来たり、饗《う》けよ……」

読み進むうち、乃木の声は途切れ、式場からは、押さえ切れずに洩れる嗚咽が、北風に乗って流れた。

旅順開城の報が伝えられたときのことを、前年八月の第一回総攻撃で望台に挑んで撃退され、瀕死の重傷を負い病床に身を横たえていた桜井忠温中尉は、

「予は、旅順開城の報を聞くや、喜び極まって泣きたり。また陣没した幾多の戦友を想い起こした。多数の部下を戦場に殺した予は、如何に、その忠魂に謝することが出来ようか。幾多の同胞を棄て、一人救われて帰りたる予は、何の顔《かんばせ》あって、父老に見えることを得るべきか」(『肉弾』)

と書いている。これが生き残った将兵の、いつわらざる心境であったろう。

喜びもつかの間、満州軍総司令部から「すみやかな北進」を命じられた乃木軍は翌一月十五日から順次、北上を開始する。

東京第一師団・第一連隊の猪熊敬一郎少尉は、旅順を去るときの様子を次のように述べている。

「十九日は旅順と別れて北進することとなったので、予は、十八日夜、陣没せし諸戦友に最後の別れを告げるべく、山腹なる戦死者墓地へ急いだ。この夜、月は皎々《こうこう》と四辺を照らし、天地闃寂《げきじゃく》として、聞こえるものは夜風のささやく声のみである。予は第六中隊墓地なる木村軍曹の墓前にぬかづいた。木村軍曹は最古参の最も勇敢な模範的下士官だったが、選ばれて白襷隊に加わり、名誉の戦死を遂げたのである。予は墓前に立って、『卿《きよう》は予の小隊戦死者の最古参なり。予に代わりて、予の誠意を戦死の諸友に告げよ。今や、予は、諸君の霊としばし決別させざるべからず。今や、死生異なるといえども、予は、北進の後、諸君のあとを追わざるべからず。南北ところを異にするも、死は一なり。誓って国難に殉ぜん。諸君、予を待たれよ』。言い終わって悌泣《ていきゆう》を久しうした。低徊《ていかい》、去るに忍びず。回顧（周りを見わたすこと）すれば、墓地のなかには、彼方に一人、此方に一人、予と同じように低徊している黒い影がある。仰げば月は天心にかかって、寂しき下界を照らす。感慨俯仰《ふぎよう》。去らんとして去り得ざるも、過雁《かがん》の一声に驚かされて、山を辞した」（『鉄血』）

猪熊敬一郎は明治三十六年に陸軍士官学校を卒業して日露戦争に出征し、戦場での無理がたたって二十八歳で病没する。彼は東京第一師団・第一連隊の連隊旗手も務めた生粋の軍人である。当然、作家でも文筆家でもない。しかしそうであっても、彼の言葉には人に訴えかける強い想いがあり、彼の文章から伝わってくる含意の深さに私は魂を揺さぶられる。真の戦争文学というものは本来、こういうものではないかと、私は思う。

ロシア野戦軍と戦う乃木軍の新たな参謀長に、歩兵科出身の小泉正保《まさやす》少将が任命された。ステッセルが水師営で乃木に日本軍砲兵を賞讃したように、砲兵科出身の伊地知幸介は立派に任務を果たし、静かに表舞台を降りたのである。

伊地知は旅順に残り、要塞司令官として、終戦処理に当たることになった。

ある日のこと、伊地知が野戦病院を視察すると、ロシア軍傷病兵一万六千八百八十九人のうち九千十八人が壊血病（ビタミン不足が原因）で苦しんでいることがわかった。「壊血病には果物とビールが効く」と聞かされた伊地知は、日本から梨八万八千個、ミカン八万一千個、リンゴ二万二千個や、当時は高級酒だったビールを取り寄せ、ロシア兵にふんだんに与えた。伊地知のこうした給養と厚遇により、ロシア軍傷病兵は病状の回復をみる。

第二次大戦後、アメリカは日本人学童に、本国では家畜に飲ませる脱脂粉乳を与えた。しかし伊地知は、日本兵が戦地で口にしたこともないビールや果物をロシア人捕虜に惜しげもなく提供したのだ。これが薩摩隼人伊地知幸介の武士道だった。

日露戦争の軍功により伊地知は同期のトップを切って中将に昇進するも、病気のため大正二年に予備役となり、大正六年に六十二歳で死去する。

司馬遼太郎は伊地知について、

「伊地知はこの二十八サンチ榴弾砲の使用法を、十分に研究しなかった。ふつうの攻城砲のようにして使ったから、敵に対し、心理的な脅威はべつにして実際効果はすくなかった。本来、港内の軍艦を撃つことにつかうべきであるのに、要塞に対する射撃につかったのである。この砲がいかに巨砲であっても、要塞の上にかぶった土砂を大きく舞いあげるだけであった」(『坂の上の雲』)

と述べ、まったく見当違いの評価を下している。

現在、旅順の二〇三高地には、戦闘後に乃木大将が戦場に散乱していた弾丸を集めて作らせた弾丸型の爾霊山《にれいさん》慰霊塔が、大連市人民政府によってそのまま保存されている。慰霊塔の前には日本語の案内板があって、それにはこう書いてある。

「旧日本軍が二〇三高地を奪い取った後、すぐにここに重砲観測所を設け、重砲を指揮しながら旅順口を砲撃した。その結果、港にあるロシア軍艦は砲撃されほとんど全部沈没した。戦後、旧日本軍国主義の頭《かしら》である乃木希典は二〇三の音読みによってそれを『爾霊山』と改名した。日本軍の亡霊を供養するために、戦争が残した砲弾の皮《ひ》と廃棄武器から日本式歩兵銃のような形で一〇・三メートル高さの〔爾霊山〕記念タワーを作り上げ、日本の国民を騙している」

誰が書いたかは知らぬが、なんとも皮肉に満ちた文章である。

第十章　遼陽会戦

弓張嶺月下の夜襲

日本陸軍の基本戦略は、遼陽に蝟集《いしゅう》するロシア軍を一大会戦で撃破することである。

一方、ロシアの満州軍総司令官クロパトキン（開戦直前に就任）は、日本軍を北方におびき寄せ、消耗戦に持ち込む作戦を立てていた。

クロパトキンは、遼陽の裏口にあたる弓張嶺《きゅうちょうれい》など遼東山系に山岳陣地を構築、ロシア軍東部兵団を配し、徹底した持久戦を命じた。これに対して黒木第一軍が明治三十七年八月二十五日から行動を開始、北東から迂回して遼東山系のロシア軍東部兵団の撃破を目指した。

さらに遼陽の表口にあたる遼陽街道の鞍山站《あんざんてん》と首山堡《しゅざんぽ》に陣を構えたロシア南部兵団を攻撃するため、奥第二軍と野津第四軍が八月二十六日から鉄道線路に沿って北上を開始する。

黒木第一軍が攻めた弓張嶺は峻険な山岳地帯に位《くらい》するため、大砲、砲弾の到着が遅れ気味であった。そこで黒木大将は世界にも前例がない、師団（仙台第二師団）挙げての夜襲銃剣突撃を敢行。八月二十六日午前四時、敵陣に殺到し、銃剣のみによりロシア兵団を撃破した。

ところで、読者諸氏は山中峯太郎著『弓張嶺月下の夜襲』という本をご存知だろうか。仙台第二師団が夜襲に成功したこの場面を小説にしたもので、昭和六年に発売されるやたちまち大ベストセラーとなった血沸き肉躍る名作である。

以後、第二師団なら夜襲、夜襲なら第二師団という「神話」が定着していく。ずっとのちの昭和十七年、ガダルカナルで悪戦苦闘する大本営参謀辻政信中佐は、第二師団による夜襲に期待をかける。だが作戦は失敗して第二師団は玉砕同然となってしまう。強固な陣地を構築し、近代兵器を装備する米軍には、さしもの夜襲も通用しなかったのだ。

さて、黒木第一軍が遼東山系を進撃して弓張嶺夜襲作戦を成功させたことにより、二十六日夕刻の戦況が、

「弓張嶺を占領した黒木第一軍が、ロシア軍の退路を脅かしている状況」

になった。すると翌二十七日午前七時三十分頃、ロシア軍東部兵団は波を引くように去っていった。

釣り野伏のワナを仕掛けたロシア軍

かかるなかクロパトキンはついに東部・南部両兵団による遼陽決戦を決心し、奥第二軍・野津第四軍が攻撃目標とした鞍山站のロシア軍南部兵団を、八月二十七日午前八時頃、折りからの霧に紛れさせて首山堡方面へと撤退させた。

これはロシア軍が最も得意とする戦略的退却である。

第四軍の司令官野津道貫は、眼前でロシア南部兵団が戦闘を交えることなく戦場を去っていくのを見て、首をかしげ、

「これは日本軍を誘い込み、逆襲に転ずる罠ではないか」

と疑った。

奥第二軍でも、南部兵団撤退を知ると、参謀長落合豊三郎少将が「騎兵による偵察」を主張し、秋山好古《よしふる》少将指揮の騎兵第一旅団に命じて、偵察隊を出動させた。

満州軍総司令部でも、日付が変わった八月二十八日午前零時頃、児玉源太郎総参謀長らが敵情の検討に入った。討議のテーマは「ロシア軍南部兵団退却の意図は何か」である。ところが児玉は、

「クロパトキンは我が軍に恐れをなして逃げ出したぞ。追撃のチャンスだ」

と勝手に判断し、二十八日午前五時三十分、

「野津第四軍は早飯屯へ、奥第二軍は魯台子へ急進すべし」

と命じた。早飯屯と魯台子は、遼陽前面を守る敵急所、首山堡の前哨陣地である。

しかし実際には、クロパトキンは逃げ出すどころか、東部兵団・南部兵団を遼陽周辺に集結させ、総数二十二万余人の大軍で日本軍総勢十三万余人を撃滅すべく、遼陽前面の首山堡・早

飯屯・魯台子などを固め、手ぐすね引いて待ち構えていたのだ。

不安がぬぐえない野津は、児玉の急進命令に従わず、八月二十八日は終日、偵察に注力した。すると、早飯屯から首山堡に連なる高地に強固な陣地が築かれ、ロシアの大部隊が待ち受けていることがわかった。そこで野津は八月二十九日午前五時三十分頃、

「児玉の命令どおり急進すれば遼陽会戦の前哨戦どころかたちまち本格的戦闘に突入し、野津第四軍・奥第二軍は連携不足のまま各個撃破され、完敗する」

と読み切り、「進軍は早飯屯の手前まで」と命じ、そこで全軍を停止させた。さすがは野津である。

野津は天保十二年（一八四一年）に鹿児島市内の高麗町に生まれた。二十二歳のときの薩英戦争で鹿児島湾に現われたイギリス軍艦に斬り込む決死隊員となり、スイカ売りに化けて小舟で漕ぎ寄せたが、水兵に殺気立った人相を怪しまれて、斬り込みは未遂に終わる。

慶応四年一月三日、幕府軍が鳥羽街道を進んできたとき、いきなり発砲して鳥羽伏見の戦いの発端を作ったのも、野津である。そののち野津は薩摩藩小銃六番隊長として北関東、白河、二本松などを転戦。二本松の戦いでは、物陰から決死の勢いで斬り込んできた青山助之丞二十一歳、山岡栄治二十六歳に薩摩藩隊士九人ほどが斬り殺されたとき、

「おはんら、決して手を出すなよ！」

と配下に命じ、隊士らが見守るなか刀で斬り合い、二人を斬り伏せた。また西南戦争では政府軍第二旅団参謀長として田原坂で活躍し、名を挙げている。

猪突猛進の青年士官だった野津はその後、老練と円熟を磨き上げ、日露戦争では、強大なロシア軍を力攻めして損害を招く愚を避け、戦局が膠着しても気にせず、戦況が好転するまで持久する「石橋を叩いて渡る慎重居士」に変身していたのだ。

野津は心の底では、

「戦況判断なら児玉より、俺の方がはるかに上だ」

と思っていたに違いない。

第二軍も第四軍に従い、急進命令が出ているにもかかわらず魯台子の手前で停止し、前進しなかった。第二軍参謀長落合豊三郎少将は、

「敵退却とは速断できない。首山堡付近を偵察したのち、攻撃するのが得策」

との判断を下し、満州軍総司令部に、

「明三十日払暁、歩兵四個大隊・砲兵四個中隊で威力偵察を行なう」

と伝えた。

退却すると見せかけて敵をおびき寄せ、ワナにはめ、一網打尽に殲滅する戦術は「釣り野伏《のぶせ》」

といわれ、かつては薩摩藩のお家芸であった。だから薩摩藩士だった野津が最初に気づいたのだ。

三百諸藩のなかで最も勇猛果敢な薩摩兵が逃げたときは、「釣り野伏」に用心しなければならない。調子に乗って追撃すれば、伏兵に囲まれて全滅の悲哀を味わう。

関ヶ原の戦いで豊臣方に味方して敗れた島津義弘を井伊直政と松平忠吉が追撃したとき、島津軍の「釣り野伏」にはまり、井伊直政は重傷を負い、松平忠吉も負傷、島津義弘は退却に成功する。この退却戦は「島津の退《の》き口」として今日まで語り継がれている。

即時追撃を主張した参謀井口省吾

しかるに満州軍高級参謀井口省吾も、

「ロシア軍は我が軍の武威に恐れをなし、遼陽を捨てて退却するのだ」

と妄想し、野津や奥らの慎重姿勢に不満を募らせ、

「急進命令は敵主力を包囲するためである。グズグズしては機会を失う。急げ！」

と叱咤した。

しかも井口は、「ロシア軍退却と速断できないから偵察を強化する」と具申した落合豊三郎を、

「慎重過剰にして最も不可で落第」と罵り、日露戦争後に左遷した挙句、陸軍から追放する。

井口は陸大で電撃機動作戦を提唱するメッケルの指導を受け、陸大を卒業するとドイツへ留学し、帰国後はドイツ・メッケル軍学を金科玉条の如く崇拝した。井口は陸大教官、陸大教頭を務めたのち陸大校長になり、大正元年に校長を辞するまで、足掛け十四年にわたって陸大教育に携わる（メッケルの胸像を陸大正門に建てたのも彼である）。

当時、陸大の学生だった浅野祐吾（のち自衛隊陸将補）は、

「戦史の講義は居眠りの時間となった。欧米文化の導入に汲々とし、日本古来の古戦史の研究がおろそかにされたことは致命的欠陥だった」（『帝国陸軍の本質』）

と述べている。

もし参謀井口省吾の指導に従って作戦を立てていたら、間違いなく日露戦争は大敗北に終わっただろう。そもそもドイツ陸軍は、普仏戦争でフランス陸軍に完勝しただけで、ロシア陸軍に勝ったことがない。よってメッケル流ドイツ軍学を学んでも、ロシア陸軍に勝てる保証はまったくないのだ。

だからこそドイツ陸軍は、日本陸軍から、

「ロシア陸軍に勝つにはどうすればよいのか？」

を学ぶため、ドイツ参謀本部ロシア課員ホフマン大尉を観戦武官という名目で黒木第一軍に

送り込み、対露戦を学ばせているのである。どちらが師匠で、どちらが弟子なのか？

そもそもドイツ軍学の至高はプロイセンの軍人、クラウゼヴィッツであり、その『戦争論』は戦争を政治の一手段と見て兵站などまで幅広く論じた古典的名著である（昭和四十三年に岩波書店から訳書が出ている）。これを学ばなければ、ドイツ軍学を学んだことにならない。

陸大では成績最優秀者はドイツへ、二番手がフランスかロシアへ留学した。しかし軍事研究家三根生《みねお》久大《きゆうだい》（陸士第六十期）は、

「ドイツ留学将校のうちクラウゼヴィッツの『戦争論』を通じて、戦争そのものの理論的研究に取り組んだ者は全然いない。メッケルに強く影響されていたのではあるまいか。とくに昭和に入ってからは情報や後方補給が軽視されがちだった」

と述べている。ドイツ軍学の一流はクラウゼヴィッツ、メッケルは二流である。だからメッケルに習ってクラウゼヴィッツを学ばないのではどうにもならない。陸大教育の失敗は、二流の外国人教師を神の如く敬い、金科玉条のものと崇拝した点にある。

そのメッケルを神の如く信奉する陸大校長の井口省吾は好き嫌いが激しく、自分の頭で作戦を考える陸大教官をすべて追い出し、自分に忠実な者だけを残した。なかでも厚遇された一人が、『機密日露戦史』を書いた谷寿夫《ひさお》（のち熊本第六師団長）である。

谷寿夫は、明治四十二年に陸大に入校し、井口校長の指導を受け、大正元年十一月に陸大（第二十四期）を三番の成績で卒業して恩賜の軍刀を授与された。

一般に、自分の頭でものを考える学生は、とかく教官と衝突して評価を下げられがちだ。しかし谷寿夫は井口校長の指導に従順だったため、成績が常に上位であった。谷は大正八年四月～大正九年十月まで陸大教官、大正十三年二月～昭和二年三月まで再び陸大教官となり、陸大学生に日露戦争陸戦史を教えた。そのときの講義録の原本（大正十四年陸軍大学校調製、ガリ版刷り、全十二巻二十一章）が昭和四十一年に復刊され、さらに平成十六年に『機密日露戦史』新装版として刊行された。

『機密日露戦史』はかなりの力作で、日露戦争に関する重要資料であることは間違いなく、基本文献として確固たる地位を占めている。一方で、井口校長の強い影響を受けたうえ、谷の個人的見解が色濃く、谷史観ともいうべきクセの強い本でもある。

谷は参謀になる陸大学生に、

「いいか諸君、大志をいだけ、だ。軍司令官などたいしたことはないから無視すればよい。中佐、少佐の参謀こそが、国軍の命運を担うのだ」

とエールを送った。さらに、

「乃木大将といえども神ならぬ身であり欠点も多い。参謀はこのことを肝に銘ずべし」

といった啓蒙が過剰であった。この結果、「参謀が作戦の一切を支配して軍司令官に強要し、作戦が失敗すれば軍司令官にすべての責任を押し付け、参謀は失敗責任を問われないとする参謀無答責の原則」すなわち参謀至上主義ともいうべき旧軍の悪癖が確立され、太平洋戦争の敗因の一つともなる。

司馬遼太郎が強いこだわりをもって強調する、前述の旅順戦に関する井口省吾と伊地知幸介の論争とは、井口の、伊地知に対する羨望・嫉妬という個人的私怨を、陸大校長となった井口が陸大教育の根幹に据え、これを谷寿夫が『機密日露戦史』に書いたものなのだ。『坂の上の雲』は、幅広く日露戦史を読み込むことをせず、この『機密日露戦史』を種本として書かれている。井口の伊地知に対する個人的な嫉妬というべき劣情を針小棒大に誇張して乃木・伊地知が罵倒されており、結果、劣情に感応する読者の潜在的な感情に働きかけて、ベストセラーとなったのである。

名参謀松川敏胤

児玉と井口は、八月二十九日午後五時四十分、

「野津第四軍は、すみやかに早飯屯・北大山を攻撃すべし。奥第二軍は、すみやかに魯台子を越えて一四八高地を占領し、さらに首山堡を攻略すべし」

という無謀な命令を下す。無謀でも命令は絶対である。

午後十一時四十分頃、ついに覚悟を決めた第四軍司令官野津道貫大将は、「第四軍は、明三十日払暁、早飯屯・北大山を攻撃」と下令。第二軍司令官奥保鞏大将も「第二軍は、明三十日午前五時、魯台子を越えて一四八高地を占領し、首山堡に迫る」よう下令した。

ところが、日付が変わった八月三十日午前零時頃、満州軍総司令部にいい知れぬ不安がよぎる。前線から帰着した斥候の報告を総合したところ、ロシア軍に退却の兆候はまったくなく、持久態勢を堅持し、むしろ逆襲の気配すら感じられたからである。

野津第四軍・奥第二軍が総司令部命令どおり進撃すれば、待ち構えるロシア軍の堅陣に吸い込まれ、砲網に捕らえられ、全滅するだろう。こうなれば日露戦争は日本の敗北となって終わりである。

このとき、すぐさま善後策を講じたのが、満州軍作戦主任参謀松川敏胤大佐である。松川は、

「弓張嶺夜襲作戦により遼東山系を攻略し、裏口から遼陽への道を開いた黒木第一軍が、さらに遼陽後方の太子河《たいしが》北岸へ進出して、ロシア軍の後方をおびやかす」

作戦を立て、八月三十日午前一時頃、黒木第一軍参謀長藤井茂太少将に、

「敵、もし遼陽にて本格的な抵抗をなす場合、黒木第一軍を遼陽会戦の基礎と致すべし。貴官は、いくばくの兵力を、いつ、太子河北岸へ移す計画なりや」

と打電した。

松川敏胤は仙台藩士松川安輔の長男として生まれ、陸軍士官学校（第五期）を卒業したのち陸軍大学（第三期）を首席で卒業。明治三十五年五月に伊地知幸介の後任として参謀本部第一部長になり、参謀次長田村怡与造および後任の児玉源太郎を助けて日露戦争の戦術研究に没頭、日露開戦となるや満州軍総参謀長児玉源太郎の下で作戦主任参謀となる。松川は頭脳明晰かつ柔軟な軍人で、日本軍の幾多の危急を救い、児玉から「文殊菩薩の如し」と高く評された。性格は恭順かつ謙虚で、作戦の手柄はすべて児玉に譲った。本来は凡庸な児玉が世間から名将と高く評されるのは、松川の作戦が秀逸だったからである。

松川の最終階級は陸軍大将だが、仙台の共同墓地にある彼の墓に、陸軍大将の刻字はない。我が国の危急を救うのは、こういういぶし銀のような、地味な男なのだ。

奥第二軍橘周太少佐の戦死

松川の要請を黒木第一軍参謀長藤井茂太は快諾。これにより八月三十日、いよいよ戦闘開始となる。

だが野津第四軍の早飯屯・北大山への攻撃はロシア軍の激しい抵抗で頓挫。奥第二軍は魯台子を越えて一四八高地に挑んだが、死傷者が続出して前進停止となる。

かかるなか児玉源太郎は午後三時十分、奥第二軍に対して、

「首山堡へ向かい、敏速に攻撃すべし」

との督戦電を発した。この日の満州軍総司令部の戦況判断は、

「敵ハ、我ガ軍ノ急追ヲ受ケ、退却シ得ザルヲ察知シ、決戦ニ出タモノ」

すなわち「ロシア軍は壊滅的打撃を受け退却したいのだが日本軍の猛追のため退却すらできない窮迫状態である」というまったく見当違いのものだった。

戦況がそのような楽観的状況でないことは、早くも翌日未明には明らかとなる。

児玉から督戦を受けた奥第二軍では、夜襲の先陣を命じられた静岡第三十四連隊第一大隊（大隊長橘周太少佐）が、日付が変わった八月三十一日午前四時、一四八高地へ向けて前進を開始し、そのあとに連隊長関谷銘次郎大佐が第十一中隊を率いて続いた。

午前五時頃、橘少佐の第一大隊が一四八高地の手前二百メートルに到着したとき、夜来の雨は止み、十九夜の月光が有明の戦場を照らしていた。

見ると、頂上に堡塁、山腹には第一塁が築かれ、無数の黒い影がうごめいている。

さらに進もうとしたとき、第一大隊はロシア軍に発見されて猛射を浴びる。それをものともせず第一中隊、第三中隊、第二中隊の順で突撃、第三中隊が第一塁に突入した。しかし第三中隊は第一塁から撃退された。

第一大隊長橘少佐は第四中隊を率いて、山腹を東側へ迂回し、第一塁の手前八十メートルまで進んだ。しかし折りから空が白み始め、ロシア側射撃は精度を上げ、死傷者が続出した。橘少佐は第四中隊を叱咤しつつ前進し、第一塁の手前五十メートルに迫ったが、ついに前進不能となった。

夜が完全に明ければ、猛射を浴び第四中隊の全滅は必至である。

絶体絶命の危機に陥った橘少佐は午前五時二十分、突撃を下令。

自ら先頭に立って、敵の第一塁へ向けて斜面を駆け登った。

飛弾が軍刀の鍔《つば》を砕き、少佐の右腕を貫通すると、軍刀を左手に持ち替え、胸墻を越えて、敵の第一塁に突入するや、第四中隊長中村昌中尉指揮の五十余人が後続し、ついに敵の第一塁を奪取した。

しかし午前五時三十分頃、日の出となり、ロシア軍が山頂と北大山から銃砲撃を加え、逆襲を試みた。橘少佐は苦境を打開すべく午前五時四十五分、部下を率いて頂上の堡塁へ突撃したが、腹部・胸部・大腿部に被弾、やむなく第一塁に退いた。

第一塁には橘少佐ら七十余人が立てこもり、橘少佐は流血で血だるまになりながらも、

「敵を撃退せよ！　現位置を死守せよ！」

と怒号した。

その刹那、砲弾が爆裂、橘少佐は砲弾の破片で腰部をえぐられ、絶命、大隊も潰滅した（橘は戦死後、中佐に特進）。

橘周太は千々石《ちぢわ》湾に面する長崎県千々石村の庄屋橘季憐の二男として生まれ、日露戦争には静岡第三十四連隊第一大隊長として出征した。橘の死後、彼の名誉を讃え、大正七年に銅像が千々石村に建立された際、千々石湾は橘湾に変更され、さらに昭和十五年には橘神社が創建される。

当時、橘中佐を讃える歌が何曲か作られたが、最もよく知られているのは次の軍歌「橘中佐」である。

♪
遼陽城頭夜は闌《た》けて、有明月の影すごく
霧立ちこむる高梁の、中なる塹壕声絶えて
目醒め勝ちなる敵兵の、胆驚かす秋の風

♪
敵の陣地の中堅ぞ、まず首山堡を乗っ取れと
三十日の夜深く、前進命令忽ちに
下る三十四連隊、橘大隊一線に

この曲はのちに静岡歩兵第三十四連隊の隊歌となり、歌は現在の陸上自衛隊第三十四普通科連隊にも、受け継がれている。

黒木第一軍の背面攻撃で遼陽を攻略

遼陽前面の首山堡を攻めた野津第四軍・奥第二軍とも度重なる苦戦に兵力を損耗し、八月三十一日昼頃には手詰りとなった。ついに日本軍の敗色が濃くなったのである。

ところが、作戦主任参謀松川敏胤大佐の要請に応じた黒木第一軍が戦場に到着、ただちに遼陽の裏口から背面攻撃を仕掛け、三十一日午前十一時頃に太子河を渡河（太子河渡河作戦）、九月二日夕方には烟台炭坑へ迫った。するとクロパトキンは、

「黒木第一軍が烟台炭坑を通過して山を下り、平野部へ出て、遼陽・奉天間の鉄道線路を遮断すれば、遼陽のロシア軍は退路を断たれて包囲される」

と恐れ、三日午前四時頃、ロシア全軍に奉天への総退却を命じた。こうして遼陽会戦は日本の逆転勝利となった。

すなわち遼陽会戦は、メッケルの愛弟子コンビ児玉源太郎・井口省吾の誤判断により大敗寸前まで追い込まれながら、松川敏胤・藤井茂太の機略によって勝利することができたのである。

前述のとおりこの黒木第一軍には、ドイツ参謀本部ロシア課員のホフマン大尉が従軍していた。ドイツはロシアと国境を接し、世界最強のロシア陸軍からたびたび重圧を受けているが、そもそもドイツ陸軍はロシア陸軍にまだ勝ったことがない。だからロシア軍と戦う運命にあるドイツ陸軍は日本陸軍から学ぶしかなく、ホフマンを日本に送り込んだのだ。ホフマンは「腰巾着」と笑われながらも黒木・藤井にくっついて歩き、次々に質問を浴びせ、二人をうるさがらせることもしばしばあったらしい。

ホフマンは黒木第一軍の太子河渡河作戦を見て驚き、

「ドイツ陸軍は正面攻撃を主流としている。なぜ日本陸軍は背面攻撃を主流とするのか。背面攻撃を行なった際、敵に味方の正面を打ち破られ大敗北に至る危険はないのか」

タンネンベルクでヒンデンブルクを補佐するホフマン

と質問した。これまでの古今東西の陸戦史はいずれも正面攻撃を主流としているから、ホフマンのこの質問は、当然である。これに対する藤井茂太の回答は、要約すれば、

「正面で守勢をとる敵を撃破するには、敵の数倍の兵力を必要とする。しかし正面で敵の攻勢を防御するなら小兵力で足りる。味方の全兵力が少ない場合、正面は小兵力で防御し、敵の備えが薄い背面に全兵力を集中して撃破し、敵の背後から包囲するのが有利」

というものだった。黒木・藤井の卓抜した戦術は、当時においても国際的トップ水準にあったのだ。「日本陸軍はメッケル少佐に学んだ」どころの話ではないのである。

十年後、第一次世界大戦が勃発したとき、ホフマンは中佐に進級して東部戦線を防衛するドイツ第八軍（兵力十五万）の参謀として、第八軍司令官ヒンデンブルク大将を補佐して、「タンネンベルクの戦い」でロシアの大軍（兵力四十五万）を撃滅する。

ホフマン中佐は、正面のロシア第一軍の前に弱体な第一騎兵師団だけを置き、ドイツ軍主力を高速移動させてロシア第二軍

を壊滅させ、再び元の位置へ戻ってロシア第一軍を全滅させたのである。彼は黒木第一軍の太子河渡河作戦をタンネンベルク会戦に応用して、ドイツ軍に勝利をもたらしたのだ。

つまり遼陽会戦の勝因は黒木為楨ら戊辰戦争以来の歴戦の名将の采配によるのであって、司馬遼太郎がいうようにメッケル流ドイツ軍学によるものでは、まったくない。

余談だが、いまウクライナ戦争で「反撃に転じたウクライナ軍が何キロ前進した」と報じられているが、「ロシア軍の伝統的な得意技『釣り野伏』にはまって兵力を損耗していなければよいが……」と心配になる。

第十一章　沙河会戦

クロパトキンの大逆襲

勝ったとはいえ、遼陽会戦における日本軍死傷者は二万三千五百余人にのぼった。

そこで児玉源太郎は、兵力が回復するまで、「遼陽での滞陣」を決めた。

これまで日本軍将兵は「遼陽を攻略すれば日露戦争は終わる」と教えられ、力戦奮闘を重ねてきた。その遼陽攻略を成し遂げても、戦争は一向に終わらない。兵士たちは遼陽城内の清国人商店へ足を運び、タマゴ一個五銭、小梨子三個十銭など、通常の五～十倍の闇値で買って食い歩き、ロシア兵が使っていた風呂に入って束の間の安逸をむさぼった。

前述の如く児玉は兵員不足の穴を埋めるため、

「乃木第三軍に一日も早く旅順を攻略させる」

ことを望んだ。ここに、乃木に対する「甘え」がある。

そこで児玉は、旅順第二回総攻撃前哨戦直前の九月十五日に遼陽を発って九月十八日に乃木軍司令部を訪れ、それから現地を視察した。乃木は第二回総攻撃前哨戦で九月二十日に龍眼北方堡塁と水師営堡塁とナマコ山を占領し、ナマコ山からの観測による二十八センチ榴弾砲の砲撃で九月三十日から十月三十日までに湾内のロシア軍艦を廃艦同然とし、海軍への約束を果たした。乃木は自分の仕事をしっかりやっているのだから、旅順戦は乃木に任せておけばよかったのだ。

なお、『坂の上の雲』ではこのとき、「有能な児玉が無能な乃木から指揮権を取り上げ、直接指導したらわずか一週間で二〇三高地がおちてしまった」となっているが、これも小説を面白くするための真っ赤なウソである。

旅順攻略の原動力になったのは児玉ではなく、乃木の人格である。乃木の下で戦った桜井忠温も、

「乃木のために死のうと思わなかった兵はいなかったが、それは乃木の風格によるものであり、（誰もが）乃木の手に抱かれて死にたいと思った」（『肉弾』）

とはっきり書いている。

私は乃木を愚将だったとも思わぬし、無能だったとも思わない。

クロパトキンは遼陽会戦に敗れたあと、沙河《さか》を渡って奉天へ退却したが、明治三十七年九月、日本軍が遼陽付近に多数の露営地を築いて停止していることを知ると、

「日本軍が前進しないのは遼陽会戦で大打撃を受け、動けないのだ。いまこそ逆襲に出て、日本軍最右翼の脆弱な部隊（梅沢支隊のこと）を急襲・殲滅し、さらに日本軍の後方へ回り込んで、全日本軍を崩壊させる」

と決意した。実戦経験豊かなクロパトキンは、日本軍の内情を的確に推理したのである。ロシア軍東部兵団は十月四日に、西部兵団は十月五日に前進を開始、沙河を越えて南下した。

このとき奥第二軍と野津第四軍が遼陽・奉天間の鉄道線路の両脇に、右翼の黒木第一軍が烟台炭坑付近に、そこからかなり離れた最前線（最右翼）に梅沢支隊が突出して駐屯していた。

クロパトキンは、西部兵団を日本軍正面の奥第二軍・野津第四軍にぶつけて牽制し、東部兵団に梅沢支隊を包囲殲滅させて日本軍の後方へ回り込ませ、日本軍全体を崩壊させようと目論んだのである。

花の梅沢旅団

クロパトキンに狙われた梅沢支隊の正式名称は「近衛後備混成旅団」であり、後備兵と呼ばれる年配の兵隊から構成された部隊だった。満二十歳で徴兵検査に合格すると現役兵（三年間）となり、そののち予備役（四年間）となる。予備役を終えた者は後備兵（期間五年）となり緊急時のみ召集される。後備兵は「現役兵のような果敢な戦闘はできない」とされ、作戦部隊としては期待されず、後方警備・捕虜監視などの役割が主だった。現役兵と予備役には新式の三十年式歩兵銃（明治三十年制定）が与えられたが、後備兵には日清戦争で使用された旧式の村田銃（明治十三年制定）が支給された。

しかも普通の後備歩兵旅団は六個大隊編成（二十四個中隊）であるが、近衛後備混成旅団は四個大隊編成（十六個中隊）の寄せ集めの小兵力だった。

さらに梅沢支隊は、日本軍が大部隊であると思わせる「かかし」の役目も担っていた。クロパトキンの慧眼《けいがん》は、「梅沢支隊は『かかし』に過ぎない」ことを見抜いたのだ。このとき、児玉は旅順へ戦況視察に出かけて留守だった。

十月六日午前六時、旅順から戻った児玉は、作戦主任参謀松川敏胤大佐から「ロシア軍大挙南下」の急報を聞かされたが、咄嗟には判断を下すことができず、ただ呻き声を発するだけだった。

十月八日夜、ついにロシア軍東部兵団が梅沢支隊を包囲した。ロシア軍得意の横なぐり戦法で梅沢支隊を全滅させ、余勢を駆って日本軍の背後へ回り込む作戦である。梅沢支隊の危機は、黒木第一軍の危機であり、日本軍右翼の危機であり、全日本軍の危機でもあった。

もしロシア東部兵団に襲われた梅沢支隊を救出すべく正面主力から増援軍を送れば、薄くなった正面がロシア西部兵団に押し潰され、右翼も正面も全面崩壊となる。だから児玉は思考停止に陥ったのだ。

この苦境を救ったのはまたしても松川敏胤である。彼の作戦は、

「ロシア東部兵団に包囲された梅沢支隊は現位置を固守して全軍の旋回軸となる。日本軍の正面部隊は、時計回りに北上してロシア西部兵団を圧迫、さらに北進してロシア東部兵団の背後へ迫る」

というイチかバチかの荒技である。児玉は松川案を一も二もなく採用し、十月十日、遼陽の日本軍主力に北上を命じる。「沙河会戦」の始まりである。

十月十一日、ロシア東部兵団が梅沢支隊に襲い掛かった。梅沢支隊は第七中隊全滅、第四中隊将校全員死傷、第三十九連隊は戦死多数という苦戦に陥る。しかし村田銃と機関銃六挺を猛射して単独で耐えに耐えて戦い、ついに撃退に成功する。

小兵力で作戦部隊としては期待されず、「かかし」の役割を担った梅沢支隊は、この奮戦により、「花の梅沢旅団」と讃えられ、梅沢は一躍脚光を浴びる。

ちなみに梅沢道治少将は、陸軍将官のなかでも珍しい獄中経験者である。仙台藩士の次男として生まれた梅沢は十六歳のときに少年兵として戊辰戦争に出陣。仙台藩の洋式軍隊である額兵隊の兵士として白河方面を転戦、仙台藩が薩長西軍に降伏すると、脱藩して函館五稜郭へ走り、榎本武揚や土方歳三らとともに薩長西軍と戦った。

五稜郭が陥落すると、道治少年は捕虜となり石狩監獄に投獄された。

やがて釈放された道治少年は陸軍に入り、西南戦争・日清戦争で頭角を現わし、日露戦争には近衛後備混成旅団長として出征したのだ。妻子持ちも多く、士気も鈍りがちな後備兵を率いる梅沢道治少将は兵士たちに、

「君見ずや、花の梅沢旅団じゃないか。吉林・ハルビンなんのその。飯も食わずに、ねえサノサ」

との自作の歌をうたわせ、その後も辛く苦しい行軍を明るく朗らかに歩いて行ったという。

彼は賊軍出身でなかったなら、間違いなく大将になっていたであろう（ちなみにこのとき梅沢の副官を務めて薫陶を受けた荒木貞夫中尉は、のちに陸軍大将になる）。

西部戦線では、野津第四軍が十二日午前二時頃、平野部に聳え立つ三塊石山を夜襲して午前八時に占領し、ロシア軍の東部兵団と西部兵団を分断して橋頭堡を築いた。さらに奥第二軍が十二日午後四時頃、西部兵団を攻撃して退却させた。

西部兵団が退却に転じたことを知った東部兵団は十三日午前十時頃、自分たちが孤立することを恐れて退却に転じた。これにより、松川の狙いどおりに、日本軍全体の旋回軸は確保され、沙河会戦は日本軍の勝利となって終結したのである。

第十二章　奉天会戦

中央突破作戦

大山巌総司令官は明治三十八年二月二十日、来たるべき奉天会戦の作戦基本計画（立案者は松川敏胤）を次のように定めた。

「右翼の鴨緑江軍（司令官川村景明大将）・黒木第一軍は奉天の東方へ進んで敵を右方へ誘引する。左翼の乃木第三軍は奉天の西方へ進んで敵を左方へ吸収する。空疎になった正面を野津第四軍・奥第二軍が中央突破する」

この「中央突破」とは、奥羽戊辰戦争の勝敗を決した慶応四年の白河城攻略戦の際に西軍が採った作戦である。

白河城攻防戦で、奥羽同盟軍は総勢二千七百人・砲十門の大部隊。薩長西軍は総勢七百人・砲八門と劣勢だった。そこで西軍は全軍を右翼隊・左翼隊・正面隊に三分し、五月一日午前六時、薩摩四番隊長川村純義率いる右翼隊が白河城の東方の奥羽同盟軍の雷神山《らいじんやま》堡塁へ突入すると、奥羽同盟軍は正面の稲荷山陣地から応援兵を雷神山堡塁へ送った。次に西軍が白河城西方の立石山砲塁へ攻め掛かると、奥羽同盟軍は正面から一部を引き抜いて、立石山砲塁へ送った。

こうして戦闘正面の稲荷山陣地が手薄になった午前十一時頃、薩摩藩砲兵隊が稲荷山陣地を総砲撃して西軍歩兵が突撃すると、すでに兵力を雷神山堡塁や立石山砲塁の応援に送って手薄になっていた稲荷山陣地は西軍に中央突破されて総崩れとなり、奥羽同盟軍は会津藩副総督横山主税《ちから》戦死、仙台藩首将坂本大炊《おおい》戦死など主だった部将を失い大敗となった。この戦訓から大山巌は、

「北国の軍隊は防戦においては粘り強いが鈍重で、機敏な運動性に欠ける。守備力は堅固だが運動戦が不得手なロシア軍を叩くには、この戦術が有効」

と考えたのである。

白河城の東方から奇襲した薩摩四番隊の川村純義の部下だった川村景明がいま鴨緑江軍司令官、立石山砲塁へ斬り込んだ薩摩五番隊長野津鎮雄の弟道貫がいま野津第四軍司令官、稲荷山陣地を総砲撃した薩摩二番砲隊長大山巌がいま満州軍総司令官、である。彼らは、

「奉天会戦は、白河城攻略戦のやり方でよか」

といえば、ただちに全員がその意図を理解したのであろう。作戦会議など必要なかったのだ。

司馬遼太郎はこの中央突破に触れて、

「むろん、いきなり中央突破はしない。まず、敵の左を突く。敵はおどろいてその方へ兵力を集中させるであろう。次いで、敵の右を突く。敵はさらにおどろき、中央に控置してある兵力をそのほうに割くにちがいない。その敵の混乱に乗じ、手薄になっているはずの中央を突破してゆく。というものであった。柔術の手に似ている。柔術なら力学的合理性のみに則っている

ためになお単純であるが、この作戦は曲芸もしくは奇術にちかい。左を突き、右を突く。となれば、敵が左へゆき、右へゆく。ということを期待したうえでこの作戦案は成立しているが、しかしながらそのように敵が注文どおりに踊ってくれるかどうかである」

と述べている。しかし奉天会戦の「中央突破作戦」は「柔術の手に似て曲芸もしくは奇術にちかい」という観念的なものではなく、奥羽戊辰戦争・白河城攻略戦の成功事例を踏襲したものであり、白河戦でめちゃくちゃに負けた仙台藩出身の松川敏胤が立案したのだ。

司馬遼太郎は、白河城攻略戦のことを知らなかったようだ。

奉天両翼包囲

北上を開始した最右翼の鴨緑江軍が二月二十四日に清河城を占領し、隣接する準右翼の黒木第一軍が二月二十五日に北上を開始すると、同日午後四時頃、正面のロシア軍約一・五個師団が東進して行き、「敵兵力の東方への誘引」は成功したかに見えた。

三月一日に総攻撃が開始されると、旅順から奉天西方へ進出してきた乃木軍（東京第一師団・旭川第七師団・金沢第九師団の三個師団編成）が同日夕方、四方台を占領する。これを見たクロパトキンは乃木軍を殲滅すべく正面兵力から五個師団を西部戦線へ派出した。こうして「敵兵力の西方への誘引」も成功するかに見えた。

しかし総攻撃二日目の三月二日、最右翼の鴨緑江軍の馬群鄲《ばぐんたん》への攻撃は進展せず、準右翼の黒木第一軍の高台嶺陣地への攻撃も頓挫。正面の野津第四軍は沙河堡《さかほ》と万宝山を攻撃したが、激しい銃砲撃を浴びて攻撃は失敗した。

順調に進撃したのはロシア軍を西方へ誘引した左翼の乃木軍だけである。乃木軍の旭川第七師団が午前十一時頃に狐家子へ進出し、東京第一師団が午後三時頃に沙嶺堡《されいほ》を占領するなど、それぞれ奉天西方の目標地点への進出を果たす。結局、この日、

「右翼の鴨緑江軍と黒木第一軍は敵を東方へ誘引する力がなく、正面主力の野津第四軍は沙河堡・万宝山攻撃に手こずり中央突破は至難」

という結果となった。

中央突破作戦が挫折したので、満州軍総司令部では作戦主任参謀松川敏胤が作戦計画を、次のように変更する。

「左翼の乃木第三軍を主力へ格上げし、奉天を西方から包囲する。右翼の鴨緑江軍・黒木第一軍も奮起して奉天を東方から包囲する」

要するに、

「脇役だった乃木第三軍を主役とし、鴨緑江軍・黒木第一軍にも頑張ってもらう」

というわけである。

三月三日〜五日は、右翼の鴨緑江軍・黒木第一軍も、正面の野津第四軍も、攻撃は頓挫。勇猛果敢に前進したのはまたしても左翼の乃木軍だけである。最も危険な先鋒を務めた乃木軍の東京第一師団は、充満するロシア軍に錐《きり》を深くもみ込むように突入し、三月四日午前に大転湾橋へ進出。旭川第七師団が李官堡を占領、金沢第九師団が張士屯へ進出した。

一方、クロパトキンは、

「日本軍の主攻部隊は乃木軍である」

と看破し、総兵力で乃木軍を撃滅すべく、三月五日午後十一時四十五分、ロシア軍正面から兵力を引き抜いて西部戦線へ集中し、乃木軍を横撃するよう命じた。このため勇猛果敢に猛進する乃木軍は、後続軍の遅れのためしばしば敵中に孤立するようになり、その隙を敵に急襲され、たびたび壊滅の危機に瀕した。鋭い錐の弱点は、伸びきった脇腹なのだ。

乃木軍は三月六日未明、先鋒の東京第一師団が奉天手前十五キロの高力屯へ進出し、次鋒の旭川第七師団は大石橋の東方三キロ地点へ進み、後詰《ごづめ》となる金沢第九師団の大石橋到着を待ったが、金沢第九師団の到着が遅れてしまう。このため敵中に孤立した次鋒の旭川第七師団はロシア軍部隊に強襲され、大損害を受けた。

奉天片翼包囲

三月六日、乃木大将は、奉天包囲のため、

「明日以降、東進し、奉天・鉄嶺《てつれい》間の鉄道線路を遮断する」

と決断した。三月三日に松川敏胤が定めた奉天包囲作戦は、

「鴨緑江軍・黒木第一軍が右側から、乃木第三軍が左側から包囲する奉天両翼包囲」

だったが、右翼の鴨緑江軍・黒木第一軍がさっぱり進撃してこないので、しびれを切らした
乃木大将が、

「我が軍が西方から回り込んで鉄道線路を遮断する奉天片翼《かたよく》包囲」

へと作戦を変更させたのだ。

これに対してクロパトキンは奉天・鉄嶺間の鉄道線路を守るべく、

「ロシア軍正面から主力を引き抜き、乃木軍が迫る鉄道線路の西側へ大兵力を集中」

させることにした。

かくして乃木軍とロシア軍は、鉄道線路の攻防を巡って、大激突となる。

この頃、当初は正面攻撃隊だった奥第二軍は、正面攻撃をあきらめて乃木第三軍の「後詰」

へ転換し、乃木第三軍を追っていたが、進軍は遅れがちだった。そのうえ奥第二軍は三月七日午前十時頃、クロパトキンの派出した部隊に襲われ壊滅的打撃を受けたため、先行する乃木軍は再び敵中に孤立した。

雲霞《うんか》の如き敵兵を払いのけながら錐をもみ込むように前進する乃木軍はこの日、さらなる苦難に直面する。乃木軍先鋒の東京第一師団は午後二時頃に四台子（奉天北方十三キロ）の手前まで進出したが、後続の金沢第九師団が造化屯（四台子の南西五キロ）で停滞したため、再び敵中に孤立することを恐れ、停止した。また後続の旭川第七師団も前がつかえて出発できなくなった。こうして乃木第三軍の全師団が膠着してしまったのである。

クリーンアップの主力打者である野津・奥・黒木がさっぱり打てないから、コーチの児玉としては、同じ長州の乃木に頑張ってもらうしかない。薩摩の野津、黒木らは戊辰戦争以来の歴戦の猛将かつ名将であり、児玉などより軍人としての実力ははるかに格上なのだ。彼らが、

「敵が強すぎて前進できない」

という以上、実戦経験に乏しい児玉が彼らに、

「勇気を奮って前進せよ」

とは、とてもいえない。だから児玉は同郷の乃木に頼るほかなく、乃木に無理難題を押し付けたのである。

児玉は、乃木軍による西方からの「奉天片翼包囲」を熱願し、午後三時三十分、乃木軍参謀長松永正敏少将（重傷を負った小泉正保の後任）を電話口へ呼び出し、

「何をグズついておるかッ、乃木に猛進を伝えよッ、軍司令部も前線へ出よッ」

とどやしつけた。これも児玉の、乃木に対する甘えなのだ。本来なら児玉は乃木に、

「誠にご無理なお願いでございますが、我が軍主力の野津・奥・黒木のクリーンアップが敵の好投に抑え込まれてさっぱり打てないので、ポテン・ヒットでもデッド・ボールでも何でもいいので出塁してください。いまや補欠の希典君に頼むしかないんです。頼みまっせ。ほれ、このとおり」

と深々と頭を下げて、お願いすべき話なのだ。しかしこれが軍人同士の会話となると、

「何をグズついておるかッ」

と、なってしまうのである。


乃木は、児玉の不満を知ると、まっしぐらに前線へ進出して造化屯後方の小屋に司令部を新設した。流弾が飛来する危険な場所だったが、乃木の最前線への進出は全軍を鼓舞し、午後七時頃、金沢第九師団が造化屯に突入し、ついに占領した。ところが児玉は総司令官大山巌の名で乃木に、

一、乃木第三軍の今日の運動は、すこぶる緩慢なるを覚ゆ。はなはだ遺憾とす。
二、奉天の敵を撃砕するは、乃木第三軍の攻撃、迅速・果敢によらずんばあらず。
三、貴官は、命令を厳格に実行せしめ、攻撃をなすべし。

との督戦電を発した。要するに、

「鴨緑江軍・黒木第一軍・野津第四軍とも動けないので、乃木第三軍が大迂回して戦局を打開すべきなのに、乃木第三軍の行動が緩慢なのは遺憾である」

という叱責である。乃木第三軍の行動が緩慢なのは遺憾である。日露戦争を通じてこのような叱責を受けたのは乃木大将だけである。しかし、これはおかしな話である。


当初、満州軍総司令部は「奉天会戦では乃木軍は予備」といっており、乃木軍はロシア軍を左へ誘引するオトリの脇役を要求されただけである。だから乃木第三軍は兵員も機銃も少なく、重砲も与えられなかった。それでも乃木軍はオトリの役割を立派に果たしたのだ。それなのに正面の野津第四軍が、

「(ロシア軍の堅陣の前で)虱が獅子に食いついた如く、まったく戦果が挙がらない」(『機密日露戦史』)

ので、作戦計画を「中央突破」から「奉天両翼包囲」へ変更し、さらに乃木大将が自発的に「奉天片翼包囲」へと作戦を意欲的に発展させたのだ。これを児玉から、

「乃木軍の運動が緩慢で、はなはだ遺憾」

と叱責されては、立つ瀬がない。

この夜の乃木軍の実情は、

「兵力は著しく減少し、給養・睡眠の不足、寒気と労働の過大が著しく、軍隊の困憊《こんぱい》を来たせり」（『明治卅七八年日露戦史』）

という状態だった。

そもそも奉天会戦では右翼の鴨緑江軍・黒木第一軍も正面の野津第四軍もまったく戦果を挙げていない。乃木第三軍だけが死闘を繰り返したのだ。本来なら乃木第三軍に「奉天会戦の敵闘賞・殊勲賞」が授与されるべきである。

それなのに、満州軍総司令部が乃木に下したものは、軍人の名誉を最も毀損する総司令官名での叱責だった。このため乃木軍の幕僚の間から、

「乃木軍が苦戦しているのは、敵が優勢かつ頑強だからだ。乃木大将を督戦するなら、他の大将にも積極行動をとらせるべきだ」

という不満が噴出した。

だがこれはどだい無理な話で、大山の戊辰戦争以来の戦友である最古参の野津や黒木に、児玉が叱責できるはずもなかったのである。乃木は、「ただひとり、沈思黙考」し、耐えるだけだった、という。

奉天会戦は関ヶ原合戦型へ変化

ここで、話が少し余談に逸れる。

慶長五年八月十日、関ヶ原合戦の折り、居城の佐和山城から出陣した石田三成は、岐阜の大垣城へ入った。

徳川方諸将が八月二十四日に大垣城近郊へ集結して徳川家康の出馬を待つと、石田三成は宇喜多秀家・島津義弘・小西行長ら西軍主力を大垣城へ入れ、大垣城での決戦を企図した。城攻めとなれば、攻城側の徳川方の損害が大きい。

徳川家康は九月十四日正午、大垣城近郊へ到着したが、城攻めを嫌い、

「関ヶ原を越えて、石田三成の居城佐和山城を落とし、大坂城へ入る」

構えを見せた。

すると退路を断たれることを恐れた石田三成は、九月十四日午後七時、要害堅固な大垣城を

出て、関ヶ原へ移動してしまう。家康は三成を要害堅固な大垣城からおびき出し、野戦へ持ち込んで勝ったのだ。

奉天会戦では乃木が鉄道を遮断する構えを見せて、ロシア軍主力を堅固に要塞化された高台嶺・沙河堡・万宝山から誘い出した。すなわち野戦でロシア軍を叩くきっかけを作ったのである。これだけでも多大な戦功であり、叱責されるいわれなど、ない。

奉天会戦（日本軍二十五万人、ロシア軍三十七万人）のような国家の命運をかけた大会戦では、その国の国民・民族が末端の一兵士に至るまで広く共有する成功体験が一気に発現する。そうでなければ、いかなる名将であろうとも二十五万人もの大軍を一糸乱れず指揮することはできない。大軍を統一的に指揮するには、指揮される末端の一兵士に至るまで、民族の遺産としての成功体験が広く共有され語り継がれていなければ不可能なのだ。

だから歴史は正しく語り継がれなければならない。それが本書の目的でもある。

歴史が、面白おかしい講談話に換骨奪胎されては困るのだ。

奉天会戦の日本軍勝利に、メッケル少佐の指導など、みじんも関係ない。

それにもかかわらず司馬遼太郎はやたらとメッケルに惚れ込んで、

「メッケルの戦術が日露戦争の満州における野戦にどれほどの影響をあたえたか測りしれない」

（『坂の上の雲』）

とほめそやしているが、これは史実にまったく反する見当違いの思い込みである。

ロシア軍総退却

三月八日未明、クロパトキンは日本軍との最後の決戦を企図し、東部戦線と正面から大兵力を引き抜いて西部戦線へ投入した。大垣城の石田三成が城を出たときのように、ロシア軍主力が守っていた東部と正面は、ガラ空きとなる。

これにより右翼の黒木第一軍は八日未明から、正面の野津第四軍は夜明けから前進が可能となり、両軍は無人となった敵陣へおそるおそる「入城」した。かくして奉天会戦は乃木軍とロシア軍主力が野戦で雌雄を決することとなり、黒木第一軍、野津第四軍は開店休業となった。

奉天会戦で損害を顧みずロシア軍と激闘したのは乃木軍だけである。乃木は、たとえれば、関ヶ原における徳川方先鋒の福島正則であろうか。

乃木が三月八日午前八時、隷下の各師団に、

「最も猛烈果敢な攻撃をなすべし」

と命じると、まず金沢第九師団が支援砲撃を背に八家子を占領する。しかし、小韓屯を攻撃した旭川第七師団と、鉄道線路西側の三台子・文官屯・観音屯を目指した東京第一師団は、ロ

シア軍の激しい砲火を浴び、午後零時五十分頃、前進を停止した。

　すると、戦局が膠着したと見た児玉は乃木に、

「大山巌総司令官は、乃木第三軍の猛烈なる攻撃前進を希望せられあり」

　と重ねて督戦した。児玉はここでも大山の戦友の黒木や野津には気兼ねして何もいわず、乃木にのみ無理難題を押し付けたのだ。

　乃木軍の幕僚の間から再び総司令部への怒りの声があがったが、乃木はそれを制してひたすら攻撃の続行を命じた。だが、旭川第七師団は再度小韓屯を攻撃したものの失敗、東京第一師団は三台子を夜襲したが、これも失敗した。


　一方、「主敵は乃木軍」と見抜いていたクロパトキンは、

「東部と正面から総予備軍五個師団を呼び寄せ、乃木軍三個師団を殲滅する」

　ことを企図する。

　三月九日、乃木軍の先鋒、東京第一師団が鉄道線路への攻撃を再興。午前八時三十分、東京第一師団の後備第一旅団が躍進を続けて文官屯の八百メートル手前まで迫った。

　繰り返しになるが後備兵は作戦部隊としては期待されず、旧式の武器しか支給されていない。だが東京第一師団は度重なる激戦で兵力不足に陥ったため、補欠の補欠ともいうべき後備第一

旅団が、最も危険な最前線へ進出したのだ。

ところがクロパトキンが東部と正面から引き抜いたムイロフ中将麾下の大部隊が同日正午頃、後備第一旅団を約五倍の兵力で包囲すると、後備第一旅団は全線にわたって恐慌をきたし、後方の田義屯《でんぎとん》へ逃走した。

この逃走は隣接する第二旅団に波及し、第二旅団も一斉に退却。たちまち東京第一師団は崩壊の危機に陥る。

司馬遼太郎はこの逃走に触れて、

「乃木軍の大潰乱と大敗走がおこなわれたのはこの第一師団においてである。これほどの大潰乱は日清戦争以来、日本陸軍においてはじめて発生したもので、その後ながく世間では公表を禁じられてきた……この潰乱敗走は、一個師団という大きな兵力単位でおこなわれたという点、未曾有のことであった。日本陸軍にあっては西南戦争の大阪鎮台が弱兵で、その後の兵制による大阪の第四師団がもっとも弱いとされ、東京の第一師団がこれに次ぐとされたが、日露戦争にあっては第四師団に問題はなく、第一師団がそれをやってしまった」(『坂の上の雲』)

と述べているが、この見立ては間違いである。

そもそもクロパトキンは三万八千人の乃木軍を約十万と見誤っていた。なぜなら、十万のロシア軍に対して乃木軍先鋒の東京第一師団が対等以上に戦ったからである。

それが証拠にクロパトキンは、この五時間後の三月九日午後五時三十分、ロシア軍全軍に鉄嶺への総退却を命じる。乃木軍の猛攻が続くなら乃木軍に奉天・鉄嶺間の鉄道線路を遮断され、ロシア軍は退路を断たれてしまう、と恐れたのである。

児玉は三月十日午前三時、乃木軍参謀長松永正敏少将を電話口に呼び出し、

「まだ（奉天・鉄嶺間の）鉄道を遮断せぬのかッ、何をしておるかッ」

とまたしても叱責した。これを受けて乃木は鉄道への払暁攻撃を命じるが、乃木軍の疲労は限界に達していて、線路の手前約五キロまで迫ったものの、ロシア軍の頑強な抵抗を突破できず、攻撃は失敗。退却するロシア軍将兵を満載した列車が三十分ごとに北上して行ったが、乃木軍の将兵たちは指をくわえて空しく眺めるしかなかったのである。

奉天入城

明治三十八年三月十日午後二時頃、奥第二軍司令部が放った八名の斥候は、奉天城の正門から清国人の群れがロシア兵の軍服や食料や寝具などを運び出してくるのを見た。斥候はこれを清国人の略奪と判断、意を決して門内に入って城内を偵察、敵陣はもぬけの殻と断じ、司令部に「城内に敵影なし」と報告した。これにより午後五時頃、奥第二軍大阪第四師団歩兵第三十

七連隊（現陸上自衛隊第三十七普通科連隊）が難なく城内に流れ込んだ。

一方、連日の激戦に疲弊し切った乃木軍は、前日同様、文官屯―観音屯―三台子を結ぶ線を突破できなかった。これに対して満州軍総司令部は、「乃木第三軍は不敏活である」（『機密作戦日誌』）として論難した。これもおかしな話で、いってみれば自分たちの失敗を責任転嫁したようなものである。

奉天占領は、左翼から迂回攻撃を行なった乃木軍が、不条理ともいうべき満州軍総司令部の度重なる叱責に耐えて、成し遂げたのだ。これを「不敏活」というなら、「敏活」という言葉はいつ、使えばよいのか。

奉天会戦では、主力部隊と期待された黒木第一軍も野津第四軍もまったく戦果を挙げないから、脇役だった乃木軍が発奮してロシア軍の大軍のなかへ錐をもみ込むような力闘をして勝利を勝ち取ったのである。奉天会戦勝利の最大の功労者は、取りも直さず乃木軍である。

敵将Aを倒した味方Bが重傷を負って動けなくなり、あとから来た味方Cが敵将Aの首を取った場合、これは「拾い首」であって、まともな戦目付が判定すれば、重傷を負って身動きできなくなった味方Bに恩賞を与えるであろう。

ロシア軍を撃退する殊勲を挙げた乃木第三軍・東京第一師団は気息奄々となり、後から安全地帯を歩んできた奥第二軍・大阪第四師団が奉天入城を果たしたとしても、奉天戦の勝利の栄誉は脇役から主役に転じて奉天戦を勝利へ導いた乃木軍に与えられるべきである。

　これほど犠牲を払って奉天戦の勝利を勝ち取った乃木軍は、たとえ表面上の戦功を大阪第四師団に譲ったにしても、総司令官・総参謀長から督戦・叱責を受け、総司令部機密作戦日誌に「不敏活」と論難されるいわれはない。

　ところが司馬遼太郎は、最大の犠牲を払って最も戦功あった東京第一師団を、

「日本陸軍十三個師団のうち、もっとも弱兵」

　と決めつけた。

　軍人にとって最も忌むべきことは、体面を汚されることである。それが、満州軍から不敏活と論難され、国民作家からは「もっとも弱兵」と侮辱されたのだ……。

　地表から消えて地下へ浸み込んだ憤懣《ふんまん》の情念は、地下で堆積し醸成されて、やがて休火山が噴火するように爆発する。埋ずめられて鎮められることなき怨念は、やがて我が国に大きな禍《わざわい》をもたらす。

　とくに金州・南山戦、二〇三高地攻防戦、奉天会戦と休む間もなく最大激戦地へ投入され、最も過酷な運命を担い、最も激しく消耗した東京第一師団の将兵の間に、戦争で働き手を失った農家の筆舌に尽くし難い窮状と、陸軍上層部に対する根深い不信が語り継がれた。そして昭和期に入ると、この伏流水は二・二六事件となって一気に奔出《ほんしゅつ》する。この事件の底流には先に触

れた海軍への憎悪に加えて、東京第一師団将兵の憤懣・怨念が流れていたのである。

旅順攻略と奉天会戦に苦戦した乃木希典は、お世辞にも戦《いくさ》上手とはいえない。だからといって戦下手ともいえない。凡庸な男の奮戦によって勝利をものにした、という話はわりとよく聞く。

最近の高校野球は全般的にレベルが向上して番狂わせはあまりないが、一昔前の高校野球では感動的な逆転劇がけっこう見られた。強豪チームに挑んだものの、期待のクリーンアップがまったく打てず敗色が濃くなるなか、下積みの努力に報いるため代打に送った補欠選手の食らいついた一打が、内野とも外野ともつかぬあたりにポトンと落ちて相手守備陣があわてるなか、走りに走ってホームインして勝利を掴んだ、というような話は枚挙にいとまがない。こういう場合、補欠だった彼を、

「練習試合で空振りばかりしていた野球下手」

という者はいないだろう。素直に彼の殊勲打を讃えればよいのである。練習熱心だが野球下手で、練習試合ではさっぱり芽が出なかった遅咲きの彼が、ようやく打撃に開眼したのが、たまたま最後の甲子園だった、としても……。

ノンフィクションか、フィクションか

こんなことがあった。

私が幕末維新をテーマとした講演で、

「死の武器商人グラバーは長崎の一等地に豪邸を建て、彼の代理人、坂本龍馬は長崎の丸山遊郭に登楼して遊び暮らした。龍馬は女にだらしのない男だった」

というような話をして、質疑応答が終わり、近くの居酒屋で懇親会に移ったとき、私の真ん前に座った若い女性から、

「先生ッ、龍馬を悪くいうのはやめてくださいッ」

と、柳眉《りゅうび》を逆立てての抗議を受けた。

司馬遼太郎のファンらしい彼女は、

「だって私、龍馬が大好きなんです」

といって涙ぐんだ。龍馬は彼女の恋人なのだ。こうなると私は何もいえない。恐らく彼女は『竜馬がゆく』を史実と思い込んでいたのだろう。

司馬遼太郎は『竜馬がゆく』の取材で高知を訪れ、桂浜の龍馬像を見上げて、

「君のことを書くよ」

と語りかけたという。司馬遼太郎は龍馬に対する思い入れが深く、

「天が日本のためにこの若者を遣わし、短い生涯を終わらせた」

と、まるでキリスト教の殉教者に対するような讃辞を贈った。

そうはいっても実際の龍馬は、死の武器商人の手先となり、戊辰戦争という無益な内戦を引き起こした男なのだ。


では『坂の上の雲』は小説なのか、ノンフィクションなのか。

司馬遼太郎自身は、

「この作品は、小説であるかどうか、じつに疑わしい。ひとつは事実に拘束されることが百パーセントにちかいからであり、ひとつは、この作品の書き手——私のことだが——はどうにも小説にならない主題を選んでしまっている」（『坂の上の雲』あとがき）

と述べ、一切のフィクションを排した史実であり歴史書であると主張している。

もしそうであるならば、『坂の上の雲』にウソやホラ話は許されず、史実に反することがあればあえて批判を甘受しなければなるまい。

司馬遼太郎が金州・南山戦で苦戦した東京第一師団の小原正恒大佐や進藤長重大尉らの斃れゆく姿を、ロシア軍機関銃陣地から日本兵に銃の照準を当てて、

「ロシア陣地の火網のなかに入ってくる」（『坂の上の雲』）

と、まるでロシアの従軍作家のような視点で描いていることは前に述べた。さらに旅順攻防戦・奉天会戦を苦戦しながらも勝利に導いた乃木希典を、ウソと欺瞞と捏造によって愚将におとしめた。

司馬遼太郎は『坂の上の雲』について、

「日露戦争という、その終了までは民族的共同主観のなかではあきらかに祖国防衛戦争だった事態の中に存在しているため、戦争そのものを調べねばならなかった。とくに作戦指導という戦争の一側面ではあったが、もしその事に関する私の考え方に誤りがあるとすればこの小説の価値は皆無になる」（『坂の上の雲』あとがき）

と自信のほどを示している。しかし、これに対する私の見解は、

「司馬遼太郎は歴史に関する学識の不充分さをこの作品で露呈した」

となってしまうのだが……。

第十三章　東郷平八郎の日本海海戦

海戦最初の三十分

日本陸軍は奉天会戦の勝利により明治三十八年（一九〇五年）三月十日、ロシア陸軍を総退却に追い込んだ。しかし日本海軍が、迫り来るバルチック艦隊を撃破しない限り、真の勝利は得られない。

日本陸軍のアキレス腱は日本本土から満州へ兵員・物資を輸送する海上ルートだったから、バルチック艦隊が制海権を確保し、日本海の海上交通を遮断すれば、満州の日本陸軍は補給を断たれて自滅してしまう。

日本海軍がバルチック艦隊の発見に総力を挙げていた明治三十八年五月二十七日未明、哨戒船「信濃丸」が、夜が白らみつつあった朝靄のなかにバルチック艦隊を発見、連合艦隊に、

「敵艦隊見ゆ。午前四時四十五分」

と打電した。これを受けて東郷平八郎連合艦隊司令長官は午前五時五分、大本営に次の電文を発した。

「敵艦見ユトノ警報ニ接シ、連合艦隊ハ直ニ出動、之ヲ撃滅セントス。本日天気晴朗ナレドモ浪高シ」

これは、

「視界はよいが波が高く軍艦の動揺が激しいから、射撃精度の高い日本海軍が有利」

との含意である、とされる。

連合艦隊は抜錨し鎮海湾（朝鮮半島南端）を出て戦艦を中心とする第一戦隊（戦艦「三笠」「敷島」「富士」「朝日」など）と、快速の巡洋艦からなる第二戦隊（巡洋艦「出雲」「吾妻」など）、それに第四戦隊（巡洋艦「浪速」「高千穂」など）が、決戦場・対馬へ急いだ。第三戦隊（巡洋艦「笠置」「千歳」など）は哨戒船「信濃丸」と合流し、敵の哨戒に当たった。

第一戦隊は砲戦力に、第二戦隊は機動力に優れた連合艦隊の主戦力であり、単縦陣をとって敵艦隊主力を撃滅すべく猛進した。

先頭を航行した連合艦隊の旗艦「三笠」は午後一時三十九分、南西にバルチック艦隊を視認、このとき両艦隊の距離は約一万三千メートルだった。東郷平八郎は午後一時五十五分、「三笠」艦橋にZ旗を掲げ、

「皇国ノ興廃、此ノ一戦ニアリ。各員一層奮励努力セヨ」

との命令を全軍に布告した。ちなみにZ旗とは「最後の奮闘を期する」を意味する信号旗で、太平洋戦争でも真珠湾攻撃やマリアナ沖海戦の際に掲げられている。

バルチック艦隊は第一戦艦隊（戦艦「スワロフ」「アレクサンドル三世」「ボロジノ」「アリヨ

東郷平八郎連合艦隊司令長官

ール」）が先行し、その左に第二戦艦隊（戦艦「オスラビア」「シソイウェリキー」「ナワリン」）、巡洋艦「ナヒモフ」）、さらにその後方に第三戦艦隊（戦艦「ニコライ一世」と「アブラクシン」「セニャーウィン」「ウシャーコフ」）が舳艫《じくろ》相銜《あいふく》んで我が艦隊に迫りつつあった。

時、まさに午後二時。東郷平八郎は参謀長加藤友三郎少将、砲術長安保清種《あぼきよかず》少佐を伴って「三笠」艦橋に立ち、幕僚らを最も安全な司令塔内へ移動させた。

露天艦橋は敵弾が集中する最も危険な場所だ。にもかかわらず東郷は左手で指揮刀の柄《つか》を握り、両足をわずかに開いた姿勢のまま、身じろぎもしなかったという。東郷は、自分が敵弾を受けて戦死しても、司令塔内の幕僚らが自分が示した針路を保持し、仮に「三笠」が沈没しても後続艦が針路を保持して突進すれば、バルチック艦隊を全滅させることができると確信していたのだ。

日露両艦隊の距離が次第に縮まると、焦燥感にかられた安保清種砲術長が、

「もう八千五百メートルでありますが……」

と思わず声を発した。八千五百メートルは主砲の有効射程距離内である。

しかし東郷は無言だった。さらに距離が縮まると安保砲術長は、潮風に声をかき消されぬよう大声で、

「もはや八千メートルになりましたッ、長官ッ、左舷右舷、どちらで戦うのですかッ」

と叫んだ。その刹那、東郷は敵を睨んだまま右手を高く掲げるや左方へ大きく半円を描いた。左側へ急転せよ、という意味である。参謀長加藤友三郎少将はすかさず、

「取り舵いっぱい」

と下命した。

いままさに撃ち合いが始まらんとするとき、東郷は、艦隊の針路を大きく変えたのだ。「三笠」が左方向へ急転すると後続の戦艦「敷島」「富士」「朝日」、巡洋艦「春日」「日進」、さらに第二戦隊もすかさず左方へ大きく舵を切った。

これは「東郷ターン」と呼ばれる敵前大回頭で、敵に横腹をさらして敵の先頭を圧迫する戦法である。これが成功すれば、各艦の艦砲が一斉に敵の先頭艦に集中砲火を浴びせることができる。しかし艦隊が大回頭を行なっている約十五分間はまったく無防備だから、敵艦の砲撃を受ければ、こちらが全滅しかねない捨て身の戦法でもあった。

連合艦隊の敵前大回頭を見たバルチック艦隊は、チャンス到来とばかりに第一戦艦隊の旗艦「スワロフ」が、先頭の「三笠」を狙って初弾を撃ち込んだ。これを口火に、バルチック艦隊の

全艦が砲撃を開始、「三笠」には午後二時十分に六インチ砲弾が命中し、無線電信線が破断した（これを含めて午後二時二十分までに「三笠」には六インチ砲弾等十二発が命中したが、他の日本軍艦は一発も被弾しなかった）。

撃ち返さず満を持した連合艦隊は、距離六千四百メートルとなったとき、「三笠」が第一戦艦隊の旗艦「スワロフ」に初弾を放った。これを機に、「三笠」に続いて回頭を終えた各艦が第一戦艦隊の旗艦「スワロフ」と第二戦艦隊の旗艦「オスラビア」に集中砲撃を浴びせ、命中させた。

全艦が回頭を終えて横一線に並んだ午後二時三十分頃になると、連合艦隊の砲撃はますます苛烈になり、「三笠」の砲弾は次々に命中して、

「我ガ弾着、頗ル良好ニシテ、命中頻々《ヒンピン》。快ヲ極ム」（『戦闘詳報』）

という戦況となった。

安保砲術長は、外部と遮断されている弾薬庫・ボイラー室・機関室などで立ち働く水兵たちの不安を払拭するため伝令を走らせ、戦況を伝えさせた。

「いま撃った十二インチ弾は『ボロ出ろ』（ボロジノ）に当たったぞッ」

「いま撃った十二インチ弾は『蟻寄る』（アリヨール）に命中したぞッ」

「いま、『押すとピシャ』（オスラビア）が沈みつつあるぞッ」

などと伝令が声を張り上げると、艦内の士気はいやがうえにも高まったという。

連合艦隊の砲撃は正確だった。旗艦「スワロフ」と「オスラビア」は集中砲火を浴びて火災を起こし、火焔ともうもうたる黒煙を噴き上げた。とくに「スワロフ」は艦上構造物をことごとく破壊されて巨大な鉄屑と化し、舵を損傷してぐるぐると右旋回を続ける有様となり、そのため、バルチック艦隊の陣形は大きく崩れた。

脱落した旗艦「スワロフ」に代わって、第一戦艦隊の二番艦「アレクサンドル三世」が艦隊の先頭に立つ。この頃から大忙しの安保の号令はどんどん省略化され、

「目標ッ、呆れ三太（アレクサンドル三世）ッ、撃てッ」

といった調子になった。

両艦隊の距離がますます縮まり距離四千六百メートルの接近戦になると、連合艦隊の砲撃の命中率は一段と高まり、脱落した第一戦艦隊の旗艦「スワロフ」、第二戦艦隊の旗艦「オスラビア」および第一戦艦隊の二番艦「アレクサンドル三世」にも大火災が発生する。さらに午後二時五十分、艦内の各所で火災を起こした第二戦艦隊の旗艦「オスラビア」は戦列から離脱。この三十分間の砲戦でバルチック艦隊は大混乱に陥る。勝敗はもはや、誰の目にも明らかである。

バルチック艦隊はますます隊列が乱れ四分五裂となり、第二戦艦隊の旗艦「オスラビア」は午後三時七分に、第一戦艦隊の二番艦「アレクサンドル三世」は午後七時に、沈没した。

勝って兜の緒を締めよ

日没を迎えた午後七時十分、東郷平八郎は砲撃中止を全軍に下令した。波しぶきでびしょ濡れとなった「三笠」艦橋の床には、東郷の靴跡だけが白くくっきりと残っていたという。東郷が砲撃中止を命じた直後の午後七時二十三分、火災を起こし火焔に包まれていた戦艦「ボロジノ」が大爆発を起こして沈没した。

翌二十八日は、残敵掃討戦となった。

早朝から索敵を行なっていた第一戦隊と第二戦隊は午前九時三十五分、戦艦「アリヨール」、巡洋艦「イズムルード」など四隻を従えてウラジオストクへ向かって航行している戦艦「ニコライ一世」を発見、距離約八千メートルで砲撃を浴びせたところ、「ニコライ一世」は午前十時三十七分に白旗を掲げた。しかし他のロシア艦が砲撃を続けたため、午前十時四十分、「三笠」は白旗を掲げた「ニコライ一世」を再度砲撃した。すると作戦参謀秋山真之中佐が東郷に、

「長官ッ、敵は降伏しております。武士の情けであります。砲撃をやめてくださいッ」

と声を張り上げ、詰め寄った。だが東郷は自若《じじゃく》として、

「うんにゃ、まこて降伏すっとなら艦を停止せにゃならん。敵はまだ動いちょるじゃなかか」

とボソッといった。このとき「ニコライ一世」は主砲の筒先を日本艦隊に向けたまま前進し

ており、戦時国際法で定められた機関停止をしていなかった。だから東郷は砲撃を命じたのである。

これに気づいた「ニコライ一世」が午前十時五十三分に機関を停止すると、連合艦隊は砲撃を中止して、拿捕《だほ》した。しかし降伏旗を掲げた巡洋艦「イズムルード」は停止せず、隙を見て逃走、連合艦隊はこれを取り逃がしてしまう。

バルチック艦隊の損害は、三十八隻のうち撃沈・自沈等二十一隻（うち戦艦六隻）、捕獲・武装解除等十三隻（うち戦艦二隻）、戦死四千八百三十人、捕虜六千百六人であり、ウラジオストクに辿り着いたのは、わずか三隻である。

これに対して連合艦隊の損失は水雷艇（魚雷艇）三隻のみ、戦死は百十七人、史上まれに見る圧勝劇であった。

日露戦争がポーツマス条約締結（明治三十八年九月五日）により終戦となって三カ月後の十二月二十一日、戦時編成だった連合艦隊を平時編成に戻すため、艦隊の解散式が行なわれた。このとき東郷平八郎は「連合艦隊解散の辞」を読み上げた。要約すると次のようになる。

「我が海軍の勝利は将兵の平素の練磨によるものである。武人の一生は戦いの連続であって、事がおきれば戦力を発揮するし、事がないときは戦力の涵養《かんよう》につとめ、ひたすらその本分を尽くすことにある。もし武人が太平に安心して目の前の安楽を追うなら、兵備の外見がいかに立派でも砂上の楼閣のようなものである……神は平素ひたすら鍛練に努めた者に勝利の栄冠を授け、一勝に満足し太平に安閑としている者からは栄冠を取り上げるであろう。古人曰く、勝って兜の緒を締めよ、と」

東郷平八郎は国家における海軍の重要性を説き、海軍および海軍軍人が平時においても有事に備えることを忘れないよう、将兵たちに説示したのである（アメリカ大統領セオドア・ルーズベルトはこの訓示に感銘を受け、英訳文をアメリカ海軍の全将兵に配布したという）。

また東郷は訓示で、

「百発百中の砲一門は、百発一中の砲百門に勝る」

と訴えた。日本海軍はこれを合言葉に「月月火水木金金」の猛訓練に励む。

理屈からいえば「勝る」より「等しい」とすべきであろうが、ここには東郷のある種の気迫が込められていたのであろう。

これを日本海軍の悪しき精神主義・非科学性と批判する向きもあるが、東郷は、

「レーダーのない時代、敵の砲弾を受けて自身が戦死する不安を抱えながら、激浪の海上で前後左右に揺れ動く軍艦上から敵艦を砲撃しても、なかなか命中するものではない」

といいたかったのだ。

戊辰戦争のとき東郷平八郎は三等砲術士官として薩摩軍艦「春日丸」に乗り組み、慶応四年（一八六八年）一月四日、幕府軍艦「開陽丸」と交戦した。これは日本史上初の蒸気軍艦同士の近代的海戦で、「阿波沖海戦」と呼ばれる。「開陽丸」は距離千二百〜千五百メートルで二十五発の砲弾を撃ち、「春日丸」は十八発を撃ったが、互いに一発も命中しなかった。

若き三等砲術士官東郷平八郎が阿波沖海戦の実戦体験で会得したのは、

「艦砲はめったに当たらない」

だった。東郷が日本海海戦で初弾を撃たなかったのは、

「初弾は当たらない。少しでも接近して命中弾を撃ち込んだ方が得策」

と考えたからである。「肉を斬らせて骨を断つ」作戦だったのだ。

終章　乃木希典の白刃

乃木軍司令官の軍状報告

日露戦争は、有色人種が白色人種を破った戦いだったから、白人国家の植民地だったアジア諸民族から、

「アジア人でも立ち上がれば、白人を打ち負かすことができる」

という声が湧き上がった。

インドの初代首相ネルーは日記に、

「日本の勝利は我々の劣等感を取り除き、アジアの人々の心を救った」

と記し、ビルマの初代首相バー・モウは、

「日露戦争における日本の勝利は、ビルマ独立の第一歩となった」

と賞讃、フィリピンでは、日本の勝利に熱狂した多くの市民がアメリカからの独立を夢見て、各地で旗行列を行なった。

また、露土戦争でロシアに敗れたトルコでは、日露戦争中、皇帝から庶民まで、赤十字社などを通じて日本に義援金を送る人々が続出、日本が勝利すると、東郷や乃木は英雄とされ、生まれた子供にトーゴーやノギと名付けるのが流行したという。なお現在もイスタンブールには「トーゴー通り」「ノギ通り」という街路がある。

乃木は、各国から日露戦争を代表する名将と評され、イギリス王室、ドイツ王室、フランス政府からは各種勲章が授与された。

明治天皇（左から二人目）に敬礼する大山、乃木らの凱旋将軍たち

しかし、そうした賞讃をよそに、戦い終わりても乃木は、鬱々《うつうつ》として楽しまなかった。

乃木は明治三十八年（一九〇五年）十二月二十九日に帰国の途につき、旅順に五日間滞在して要塞などを巡視したあと、明治三十九年一月十四日に東京・新橋に凱旋した。東京では朝野を挙げての歓迎準備が整っていた。が、乃木は、帰国する前から、旅順攻略戦や奉天会戦で多数の将兵を戦死させたことに苦悩して、「蓑か笠でもかぶって顔を隠したい」、「日本へ帰りたくない」などと周囲に洩らし、各地で催された歓迎会への出席はすべて断った。

乃木は一月十四日、宮中に招かれ、統帥権者たる明治天皇の御前で、復命書を奉読した。

「私の第三軍が作戦目的を達成できたのは、陛下のご威光と上級司令部の指導と友軍の協力のおかげです。十六カ月の戦いの間、私の部下将兵は強敵とよく戦い忠義と勇気と戦意の高さを示しました。彼らは従容《しようよう》と死を受け入れ銃弾に斃れる者、敵に斬られ死ぬ者、みな陛下万歳を叫び欣然と死んでいきました。このような忠義と勇気を兼備した将兵を率いながら、旅順攻略に半年の長期を要し多大の犠牲を出し、奉天会戦では敵の退路を遮断できなかったことは誠に申し訳ない次第です。私はいまここに陛下に戦勝をご報告申し上げる幸せをいただきましたが、この光栄を戦死・戦病死した部下将兵と分かつことができないのは誠に悲しいことでございます」

声涙ともに下る乃木の姿に、天皇もまた、涙を禁じ得なかった。

そして最後に乃木は天皇に、

「自刃して多数の戦死者を生じた罪を償いたい」

と申し出る。

これに対して天皇はしばらく言葉もなかったが、やがて悄然として退出しようとする乃木を呼び止めて、

「いまは死ぬべきときでない。卿もし死を願うならば、朕が世を去りてのちにせよ」

といって思い止《とど》まらせた。

その後、乃木は晩年に至るまで、戦死者の遺族を訪ね歩き、

「乃木があなた方の子弟を殺したのです。その罪は死して償うべきですが、他日、私が一命を国に捧げるときもあるでしょうから、そのときは乃木が謝罪したと思ってください」

といっては、手をついて詫びたという。

明治四十五年七月三十日、明治天皇崩御、一カ月半後の大正元年九月十三日夜、陸軍帝国練兵場（現在の明治神宮外苑）で大喪の礼が執り行なわれた。

だが居並ぶ元老、大臣、大将たちのなかに、乃木の姿はなかった。

午後八時、弔砲が鳴り響く。

その音を聴きながら、乃木は自刃した。

おわりに

昭和二十年八月十五日に終戦となるや、北海道・南樺太・千島列島の防衛に当たっていた第五方面軍（司令官樋口季一郎《きいちろう》中将）は隷下の各部隊に、

「十八日十六時の時点で停戦して日本側から軍使を派遣する。その場合、敵が戦闘をしかけてきたなら、自衛のための戦闘は妨げず」

と命じ、各部隊は軍旗奉焼、召集解除、現地除隊、火砲の撤去、兵器・弾薬の海中投棄など武装解除を進めた。

しかしソ連軍は、南樺太へ侵攻した（スターリンは開戦理由を「日露戦争の復讐」とラジオで放送）。

ソ連軍三個大隊が艦砲射撃の下、八月十六日早朝に塔路（日本軍守備隊一個小隊が守っていた）に上陸を開始すると、第五方面軍司令部は、

「ソ連軍は南樺太を前進拠点として態勢を整え、北海道へ侵攻するのではないか」

と警戒し、南樺太防衛部隊に、

「自衛戦闘を継続して南樺太を死守すべし」

と命令した（塔路の日本軍守備隊は全滅）。

さらにソ連軍は八月二十日午前六時頃、艦砲射撃の下、真岡に上陸し、占領した。真岡を守備していた歩兵第二十五連隊はすでに軍旗を奉焼して召集解除していたので戦闘力はなく、真岡郵便電信局では勤務中の女性電話交換手九名が青酸カリなどで自決。このほかソ連兵の爆殺、銃殺により真岡局の殉職者は十九人にのぼった。また多くの民間人が海岸に引き出されて銃殺された。

真岡を占領したソ連軍は樺太庁が置かれていた豊原へ進撃し、豊原は八月二十四日にソ連軍に占領される。

さらにソ連軍は八月二十五日に大泊を占領して南樺太の占領を終えると、北海道侵攻の前進基地として八月二十八日から九月三日にかけて北方四島を次々に占領するのである。

今日、日本政府は、

「ロシアが実効支配している南樺太は帰属未確定地域である」

と主張しているのだが……。

一方、千島列島ではソ連軍が八月十五日終戦の三日後の八月十八日午前二時半、最北端の占《しゅむ》守島《しゅとう》に艦砲射撃を行なったうえ上陸、侵攻した。報告を受けた樋口季一郎第五方面軍司令官は、占守島に駐屯していた戦車第十一連隊および独立歩兵第二八二大隊などに反撃を命じた。このとき戦車第十一連隊長の池田末男《すえお》大佐は隊員全員を集めて、

「我々は家郷に帰る日を胸に、ひたすら終戦処理に努めてきた。しかし事ここに至った。そこで諸子に問う。赤穂浪士のように恥を忍んで将来に復讐せんとするものは一歩前へ出よ。あるいは会津白虎隊のように、玉砕をもって日本民族の防波堤たらん、とするものは挙手せよ」

と述べた。すると隊員全員が、雄たけびとともに、手を挙げたのである。九七式中戦車短身砲装備（通称チハ車）十九両、九七式中戦車改「新砲塔チハ」二十両、九五式軽戦車二十五両を擁した戦車第十一連隊（十一を士と読んで「士魂連隊」と称された）は、池田末男連隊長車を先頭に十八日午前五時半頃からソ連軍に突撃した。

先頭を行く池田連隊長は、霧に覆われた起伏の多い戦場のため車内では視界が狭く、全軍の指揮を執れないため、砲塔から身を乗り出して指揮官旗を振り、島内に深く侵攻したソ連軍の群れのなかに突入して、ソ連軍を撃退した。

さらに池田連隊長車は、武器らしい武器を持たず敵中に孤立して全滅寸前となった味方部隊を救援すべく先頭に立って進撃したのだが、窪地に潜んでいたソ連兵の対戦車砲の狙撃を受けて炎上、隊長以下乗員全員が戦死した（池田末男大佐は少将に特進）。

結局、戦車第十一連隊は二十七両が撃破され、連隊長以下九十六名の戦死者を出したが、それでも、ソ連軍を水際まで押し返した。

樋口第五方面軍司令官は十八日正午頃、

「予定どおり十八日十六時の時点で停戦する」

との姿勢を堅持し、日魯漁業占守島工場で働いていた女子従業員約四百人は二十二隻の船に分乗して十八日十六時三十分に島を離れ、五日後に根室港に帰還した。占守島は二十二日に停戦が成立し、二十三日にソ連軍の監視の下で武装解除された。

ソ連軍はその後も千島列島を次々と南下して、同月二十八日に択捉島を、九月一日には国後島と色丹島を占領した。

ソ連軍の目的は南樺太・千島列島・北方四島を前進拠点として北海道へ侵攻することだった。だが戦車第十一連隊など第五方面軍の抵抗が激しく、南樺太や占守島の占領に手間取ったため、「すみやかに北海道を占領して既成事実化することに失敗した。これ以上無理をすれば、国際社会から『ソ連は火事場泥棒のような侵略国家』と非難を浴びかねない」

と判断して、北海道への侵攻をあきらめた。

すなわち九七式中戦車短身砲装備（チハ車）や九七式中戦車改「新砲塔チハ」を駆使して戦った戦車第十一連隊らの勇戦が、ソ連の北海道占領を防ぎ、日魯漁業占守島工場の女子従業員四百人を救ったのである。

ところが司馬遼太郎は、九七式中戦車短身砲装備（チハ車）に対して、

「（チハ車の）最大の欠陥は、戦争ができないことであった……戦車としては戦争のできない戦車だという、世界唯一の珍車であったことだけが残念だった……昭和日本の精神と能力とアホラシサをあらわす象徴的存在」（『司馬遼太郎が考えたこと』）

などと「自虐史観」を浴びせている。

占守島で孤軍奮闘して戦死し、ソ連軍の北海道占領を防いだ戦車第十一連隊長池田末男大佐は、司馬遼太郎こと福田定一少尉が満州四平の戦車学校で学んだときの校長代理であった。

北辺を守る「士魂戦車」の威風

現在北海道に駐屯する陸上自衛隊第十一旅団第十一戦車大隊（所在地・北海道恵庭市）は、池田大佐の戦車第十一連隊の奮戦を顕彰するため「士魂戦車大隊」と称し、現在使用中の七四式戦車、九〇式戦車の砲塔側面に部隊マークとして「士魂」の二文字を描いて、その精神と伝統

をいまなお継承している。

もし戦車第十一連隊が抵抗せず、北海道がソ連に占領されていたら、いま頃我々は、

「返せ、北方領土！」

どころか、

「返せ、北海道！」

と叫ばなければならなかったであろう。司馬遼太郎から「戦争ができない世界唯一の珍車」と罵倒された九七式中戦車短身砲装備（チハ車）や九七式中戦車改「新砲塔チハ」は、北海道防衛を担った殊勲の戦車なのだ。


本書の目的は「はじめに」で述べたように、日露戦争を将兵の視点から記録することである。

そこで、理屈抜きで日露戦争の真実を語ることにした。

司馬遼太郎がいうように乃木は無能で愚将であったか？　否か？　については、本書を通じて読者諸兄に判断していただければと思う。

いま私は、日本という独立国に生まれ、言論の自由に浴する幸せを味わっている。

この幸せは、誰に感謝すべきなのか……ひたすら思いあぐねる日々である。

【主な参考文献】

駿河湾に沈んだディアナ号　奈木盛雄　元就出版社
大津事件　尾佐竹猛　岩波書店
北京籠城日記　守田利遠　石風社
北京燃ゆ―義和団事変とモリソン　ウッドハウス暎子　東洋経済新報社
北京籠城・北京籠城日記　柴五郎・服部宇之吉・大山梓　平凡社
北清事変と日本軍　斎藤聖二　芙蓉書房出版
ある明治人の記録　石光真人　中央公論社
守城の人　村上兵衛　光人社
曠野の花　石光真清　中央公論新社
明治卅七八年日露戦史　陸軍参謀本部　東京偕行社
機密日露戦史　谷寿夫　原書房
日露陸戦新史　沼田多稼蔵　芙蓉書房出版
世界史としての日露戦争　大江志乃夫　立風書房
日露戦争　児島襄　文藝春秋社

日露戦争陸戦の研究　別宮暖朗　筑摩書房
帝国陸軍の本質　三根生久大　講談社
乃木希典と日露戦争の真実　桑原嶽　ＰＨＰ研究所
日露戦争名将伝　柘植久慶　ＰＨＰ研究所
大国ロシアになぜ勝ったのか　偕行社日露戦史刊行委員会　芙蓉書房出版
日露戦争が変えた世界史　平間洋一　芙蓉書房出版
日露戦争の兵器　佐山二郎　光人社
鉄血　猪熊敬一郎　雄山閣
肉弾　桜井忠温　明元社
バルチック艦隊　大江志乃夫　中央公論新社
日本軍閥興亡史　松下芳男　芙蓉書房出版
山県有朋　岡義武　岩波書店
「坂の上の雲」に隠された歴史の真実　福井雄三　主婦の友社
坂の上の雲　司馬遼太郎　文藝春秋社
歴史と風土　司馬遼太郎　文藝春秋社
真珠湾の代償　福井雄三　毎日ワンズ

シナ大陸の真相　K・カワカミ　展転社

連合艦隊司令長官東郷平八郎　嶋田耕一　毎日ワンズ

本文ＤＴＰ・カバーデザイン／長久雅行

ロシア敗れたり

第一刷発行——二〇二三年九月二六日
第四刷発行——二〇二三年一一月八日

著者——鈴木荘一
編集人——祖山大
発行人——松藤竹二郎
発行所——株式会社 毎日ワンズ
〒一〇一-〇〇六一
東京都千代田区神田三崎町三-一〇-二一
電　話　〇三-五二一一-〇〇八九
FAX　〇三-六六九一-六六八四

印刷製本——株式会社 シナノ

ISBN 978-4-909447-27-2

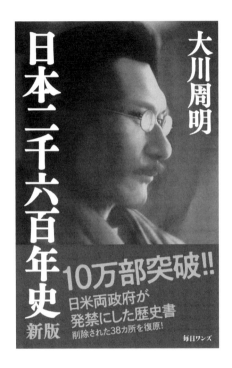

好評発売中！

新版　三島由紀夫が復活する

小室直樹 著

ISBN 978-4-909447-25-8 C0231　288頁　定価1,100円＋税

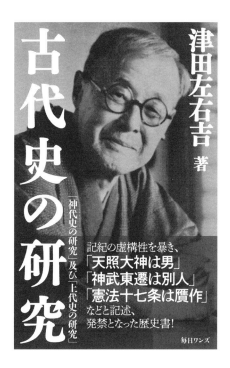